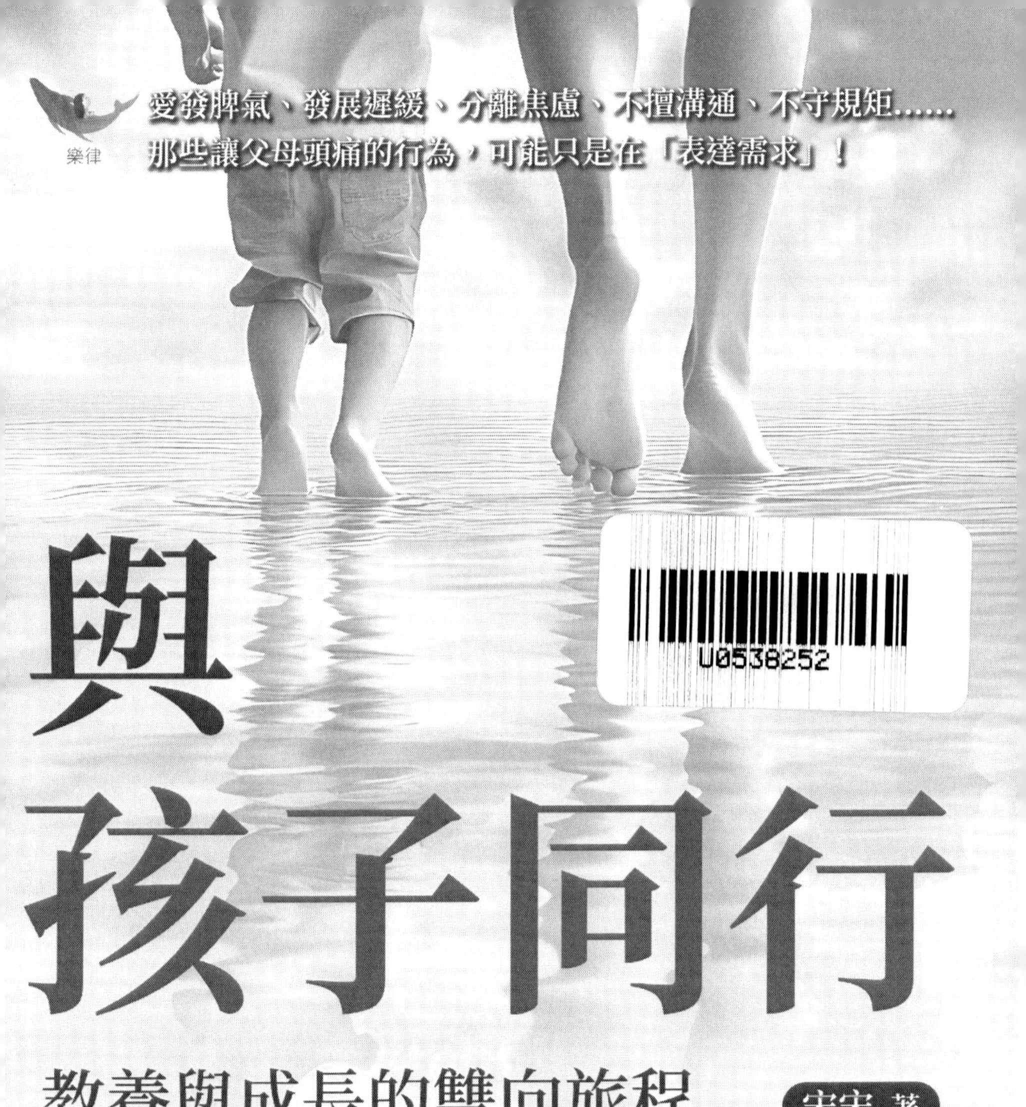

愛發脾氣、發展遲緩、分離焦慮、不擅溝通、不守規矩⋯⋯
那些讓父母頭痛的行為，可能只是在「表達需求」！

與孩子同行

教養與成長的雙向旅程

宋宋 著

孩子為什麼越哄哭得越厲害？
別人家的小孩樣樣都會，難道我家的孩子發展遲緩嗎？

建構安全感 ✕ 傾聽需求 ✕ 接納情緒 ✕ 共情溝通⋯⋯

24 堂幼兒養育課，理解孩子的種種費解行為，
父母不再「育兒焦慮」！

目 錄

推薦序

前言

第一章

別憂慮男孩太黏人，那是他「建構安全感」的途徑

016	一哭就抱會慣壞男孩？
	想讓他獨立，就得把他「抱」進懷裡
027	男孩的玩具被搶，要不要幫他搶回來
036	男孩被欺負？3 個遊戲教他不惹事也不怕事
045	男孩愛發脾氣？
	用「看見情緒三法則」，教他學會情緒管理

第二章

別擔心男孩進步慢，那是他「累積信心」的節奏

058	男孩說話晚？
	3 個方法讓他從「小啞巴」成長為「小演講家」
067	上課坐不住，考試看不懂？快帶男孩多玩「遊戲」，讓他德智體美勞全面進步

003

目錄

| 078 | 沒心沒肺不懂事？3 個技巧擁抱男孩，讓他成為暖心小紳士 |

第三章
別發愁男孩太鬧心，那是他「和世界聯結」的方式

098	掌握說話小技巧，讓男孩豎起耳朵聽、開啟心扉說
110	說一句頂一萬句，家有愛頂嘴的小話癆，怎麼辦
119	代替懲罰的 3 個辦法，用尊重引匯出男孩心裡的「男子漢」
131	「八大智能」了解你的男孩，因材施教幫他把優勢發揮到最大化

第四章
別放縱男孩的習慣，
那是幫助他建構「與世界交手」的格局

| 144 | 孩子不吃飯？慎重！這是男孩與父母的第一次心理博弈 |
| 154 | 入睡晚哄睡難？3 招讓男孩養成健康的睡眠習慣 |

165	總是愛拖延？
	這樣讓男孩成為時間管理小達人
175	一件被證明能夠預言人生成功的事
	—— 讓男孩從小開始做家事

第五章
別忽略男孩的性教育，
那是教會他「理解尊重」的根源

188	小男孩更需要性教育，
	一定要讓爸爸趁早介入
198	4 歲男孩還愛摸媽媽乳房？
	注意！父母一定要趕快調整育兒方式
207	「我要和媽媽結婚」，
	2 招幫男孩度過婚姻敏感期
216	兒子總喜歡和女同學摟摟抱抱，怎麼辦？

第六章
別用錯父母陪伴男孩的時間，
那是協助他「長成真漢子」的祕訣

224	0~6 歲，把男孩交給媽媽，
	讓他在媽媽的愛裡習得安全感與規則

目錄

232　6~13 歲，把男孩還給爸爸，
　　　讓他在爸爸的陪伴裡激發出心中的男子漢

242　13~18 歲，父母要為男孩嚴格篩選「引路人」，
　　　尊重他變得更強的欲望

250　放下 100 分的完美執念，
　　　育兒育己，和男孩一起成長

致謝

送给我的孩子
愿你在天上的孩子一般
健康快乐成长

推薦序

育兒的本質，是解決問題

2017 年我曾開了講座，宋宋老師來聽我的課，那時候的她，和很多媽媽一樣，忽略自己，只活成「××媽」。她很焦慮，想給兒子最好的教育，卻不知道怎麼做，被兒子的精力旺盛和愛哭愛鬧折騰得筋疲力盡。

我告訴她：「溫柔而堅定，理解和回應。」

宋宋老師進步非常大。她系統性地學習了育兒知識和心理學知識，考取專業育兒證書；她放下理論，去真正實踐「理解和回應」。2018 年，她的文章在我的粉絲專頁上轉發，裡面的育兒觀我非常認可。後來，她寫出越來越多育兒文章，我能感受到她開始享受養育男孩的快樂。她自己也越來越有能量，開始去「回應」曾和她一樣迷茫的家長，去「理解」更多的孩子，我很替她高興，更欣慰她走在了「育兒育己共同成長」的路上。

所以，當宋宋老師邀請我為她的新書作序時，我欣然同意。這是本家長容易上手的「男孩成長指南」，宋宋老師用大

推薦序

量生動的案例展示男孩成長過程中容易遇到的「共性問題」，一針見血地指出原因，更直接給出拿來就能用的方法，幫助家長既能懂得道理又能解決問題。同時，這又是本「勇氣成長指南」，宋宋老師自己經歷過育兒的痛苦，所以她的文字特別共情。她心疼男孩的委屈，也心疼家長的辛苦，她用一個個案例告訴大家：「沒關係，不要緊，你已經很好了，都會好的。」這才是育兒的核心！

育兒的本質，是解決問題。這是我做教育的初心和堅守，很高興宋宋老師也傳遞了這份力量。再次祝賀宋宋老師新書出版，我相信，家長既能在這本書裡了解男孩成長的祕密，也能掌握應對男孩問題的技巧。最後，祝願每位家長，輕鬆養育男孩，幸福成就自己！

小七老師

兒童早期教育專家

前言

我看過這樣一個令人哭笑不得的文字：擁有男孩的家庭絕對處於家庭食物鏈的底端，2 個女兒 >1 個女兒 >1 兒 1 女 >1 個兒子 >2 個兒子！雖然這是句玩笑話，但確實凸顯出了家有男孩的父母痛處。育兒很辛苦，育男孩更辛苦，讓人有喜亦有憂。是的！就是這麼矛盾。

◆ 男孩到底長沒長耳朵？為什麼吼他幾百遍就是聽不見，怎麼說他才會聽？

◆ 別人家 2 歲的女孩都會講故事了，我家 3 歲的兒子還只會學豬叫，怎麼辦？

◆ 在家一條龍，在外怕成蟲，被人欺負了都不敢還手，要教他打回去嗎？

◆ 男孩性格暴躁，一言不合就躺在地上撒潑打滾，要怎麼引導他控制情緒？

◆ 我兒子明明很聰明，可上課就是坐不住，連題目都看不懂，怎麼辦？

◆ 我兒子做作業效率倒是很高，但他特別愛臨時抱佛腳，催一下才動一下，監督他做作業真的很頭痛。

前言

◆ 別人家的女兒乖巧、懂事、聽話，而我家的男孩呢？不僅精力旺盛、一刻不停地上竄下跳，還愛哭愛鬧情緒不穩定，讓老母親時刻心驚膽顫……

別著急，其實我和你一樣，經歷了養育男孩的雞飛狗跳，但我終於在帶娃的焦慮和迷茫中一步步走了出來。

我是宋宋，一名8歲男孩的母親。曾經，我在公家單位工作，想像過千萬種未來，唯獨沒想過回家當全職媽媽。可惜，夢想很美好，現實很殘酷，因為體質不好，九個多月懷胎，我基本都在和醫院打交道，「兒子是用我的命換來的」這句話一點都不誇張。孩子出生後，我心甘情願放下工作回家照顧他，我一度以為能母慈子孝，伴他快樂成長，與此同時，我也相信一定能找到自己的價值。

然而，我被現實「啪啪」打臉。在養育孩子的很長一段時間裡，我的兒子就像一個小試驗品。我總是後知後覺，只有他出現問題了，我才能吸取教訓。這一路上，我和「如何養好男孩」這件事情一直在努力，我經常戰敗，偶爾打成平手，得到的是更多抑制不住的焦慮。「我是第一次當媽媽，很多事情請你原諒我」，這句話真的很不對，畢竟，男孩也是第一次當孩子，媽媽做錯事情對他的傷害是無限大的。

也正因為如此，我開始大量地學習心理學、育兒經、正面管教、家庭教育，我接連考取了各種相關證照，接觸了大

量的育兒案例，做了大量的諮商。與此同時，我開始寫作，把我的疑惑、困擾、成長、方法一一覆盤，慢慢地，我成為一些社群的「育兒心理」專欄作者，6 年累計撰寫了 500 多篇文章，其中有百篇超過 10 萬閱讀量，並出版了育兒合集，透過文字我和很多媽媽產生情感共鳴，彼此賦能。這些成長滋養著我，讓我體會到了輕鬆養育男孩的快樂！

這本書，是我將這 8 年自己養育男孩踩過的坑、接觸過的大量育兒案例、輔導過的諮商案例，與我多年學習的育兒知識、心理知識融會貫通，提煉出來的拿來就能用的實用方法。我想說：養育男孩之所以會更辛苦，是因為家長並不理解男孩的諸多問題，其實是其特有的「成長密碼」，家長放下焦慮和擔心，掌握正確的方法，是可以把男孩成長過程中遇到的每一個問題，都變成幫助他健康成長的「機會」的。

經過一路跋涉，我把孩子養育得開朗健康，在育兒育己的過程中，我也學會了接納自己，並發展出自己的事業。我也才真正意識到，為人父母的角色轉變，不但意味著有了新的責任，也意味著人生有了新的轉機。所謂育兒育己，是我們在前面愛護好自己，有力量為男孩提供愛，然後靜待花開，等著男孩長成他自己想要的樣子。

本書從「別憂慮男孩太黏人」、「別擔心男孩進步慢」、「別發愁男孩太鬧心」、「別放縱男孩的習慣」、「別忽略男孩的性

前言

教育」、「別用錯父母陪伴男孩的時間」六個面向解釋男孩的獨特性。透過「感同身受的案例分析＋簡單可上手的理論方法」組合拳，父母能夠了解男孩的獨一無二，找到適合自家男孩的教育方式，更理解自己的焦慮源頭，做更好的自己，和男孩共同快樂成長。

　　父母之路艱辛，但我們都是這樣跌跌撞撞又滿懷驚喜地成長。願我們都學會，對男孩溫柔以待！而我們自己，也真正明媚向陽！

第一章
別憂慮男孩太黏人，
那是他「建構安全感」的途徑

第一章
別憂慮男孩太黏人，那是他「建構安全感」的途徑

> ## 一哭就抱會慣壞男孩？
> ## 想讓他獨立，就得把他「抱」進懷裡

讓男孩獨立勇敢的祕訣 —— 把他抱進懷裡。

3 歲男孩入園天天哭，怎麼比女孩還嬌氣

　　曾經有一位讀者詢問我：「老師，我兒子遠遠今年 3 歲，特別嬌氣，就像內心住著個『公主』似的，動不動就哭哭啼啼，比女孩還愛哭。平時也就算了，現在他上幼稚園天天哭，都一個多星期了，還哭得很厲害，今天幼稚園老師讓我先把孩子領回家，說孩子分離焦慮太嚴重，我真的又難過又無奈，我是全職媽媽，天天陪著他，他怎麼還有分離焦慮呢？分離焦慮到底是什麼？」

　　分離焦慮，是指嬰幼兒因與親人分離而引起的焦慮、不安等負面情緒。換成白話文就是：「孩子最需要你的時候，你不在他身邊。」那麼，為什麼全職媽媽一手帶大的孩子依舊存在分離焦慮呢？事實上，這也是經常被大家誤解的問題：陪伴從來不只是「你在他身邊」，而是「你回應了他的需求」。

　　我追問了遠遠媽媽的養育細節，原來，她太擔心遠遠不勇敢獨立，一直將他往外推，比如，她最不喜歡遠遠哭，為

此定了一個規則：「你哭就自己好好哭，不哭了媽媽再抱你。」遠遠媽媽覺得既然制定了規則就一定要遵守，所以不管遠遠哭得多厲害她就是不伸手抱，偏偏遠遠又很固執，哭鬧得更是厲害，經常一哭就是兩三個小時……一個哭得歇斯底里只為引起媽媽的注意，一個用盡全力要教男孩規則，一番折騰，母子倆都累得筋疲力盡，結果也是「兩敗俱傷」，遠遠越來越愛哭，媽媽越來越焦慮。

這就找到了遠遠分離焦慮的根源 —— 遠遠最需要媽媽的時候被媽媽拒絕，這是一種錯誤的養育方式，我們當然理解遠遠媽媽的苦心，誰不希望男孩勇敢獨立？但這個方法確實不對。專門研究依附理論的專家辛蒂‧哈珊（Cindy Hazan）與飛利浦‧薛佛（Phillip Shaver）經過研究發現，兒童的依附系統會隨著年齡而有所改變，具體的依附關係如下：

1. 想一直待在依附對象身邊（孩子渴望並努力讓自己一直待在父母身邊）；
2. 分離焦慮（明顯的）；
3. 安全的避風港（孩子害怕或沮喪時，會向父母尋求安慰）；
4. 安全的壁壘（孩子把父母當作壁壘，以此為支柱，進而向外展開探索，追求個人成長）。

透過這四種依附關係，我們可以清楚地看到孩子的依附成長路徑。原則上來說，每個階段都被滿足的孩子，才有能

第一章
別憂慮男孩太黏人，那是他「建構安全感」的途徑

力進入下一個階段，也才能慢慢離開父母，開始獨立，自己
去嘗試接觸外面的世界。

顯而易見，遠遠「渴望待在媽媽身邊，被媽媽擁抱」的
願望一直未被滿足，這就導致他的分離焦慮比同齡人嚴重，
出現無法正常入學的情況。再加上，男孩的大腦發育比女孩
晚，情感認知也比女孩晚熟，所以這個階段男孩的分離焦慮
確實也會比女孩更嚴重。雙重缺失下，遠遠的表現就是「比
女孩還愛哭」，但這其實和性別沒關係，和性格也沒關係，我
們應該透過現象看本質，看到遠遠內心的傷，及時把男孩的
安全感補足。那麼，怎樣在男孩需要的時候回應他？我給大
家分享三個方法。

1歲前，怎麼寵愛男孩都非常應該

美國聖母大學研究發現：「嬰幼兒時期經常得到父母愛
撫、擁抱的孩子，長大後不但不會過度依賴父母，反而會有
更健康的心理狀態、更強的社交能力。」

關於擁抱男孩，很多家長會有種誤解：男孩要窮養，過
度擁抱男孩會把男孩養得太嬌氣，會寵壞孩子。其實不然。
事實上，心理學論證，0～1歲是孩子形成安全感、懂得愛
的最為核心的關鍵階段！不管是男孩還是女孩，0～5月齡
的孩子都是透過自然反射性的微笑、哭鬧、吮吸等行為，吸

引照顧者的注意，哭就是小嬰兒的求救訊號。孩子餓了、困了、渴了、尿了時，如果得到媽媽一次次及時而溫暖的回應，孩子的信任感和安全感也就建立起來了。

按照嬰幼兒的成長節奏，6～12月齡的孩子開始出現分離焦慮，這也是孩子與媽媽之間健康關係的證據，這個階段在心理學叫做：物體恆存概念。物體恆存是指這個階段的嬰幼兒了解物體是永恆存在的，開始認知到物體是獨一無二的，他發現世界上只有一個媽媽，看不見媽媽就會以為媽媽不存在了，從而感到恐懼。

很多小朋友分離焦慮非常嚴重，無法離開媽媽，很有可能就是在這個階段沒有得到媽媽足夠的回應，以及父母沒有很好地讓孩子緩解分離焦慮。所以，1歲前的孩子，不管是男孩還是女孩，父母不要考慮會不會寵壞，給他足夠多的擁抱和愛撫才是根本。

我們再側重說一下男孩。很多媽媽會發現，和女嬰兒相比，男嬰兒並不太喜歡媽媽對自己的撫摸，最常見的就是，女嬰兒的眼睛會一直關注媽媽的臉龐，但男嬰兒的眼睛顯然更活躍，他不會在媽媽的臉上停留很久，會更關注媽媽以外的環境。於是，照顧者會認為，這就是「男人更勇敢更不需要情感」的特性，並很自然地誤會，女孩更嬌弱，更需要照顧；男孩天生更強壯，並不需要那麼細緻地照顧。

第一章
別憂慮男孩太黏人，那是他「建構安全感」的途徑

　　這真的是對男孩的誤會，事實上，嬰兒都是在父母的回應和關愛裡確認自己是被愛的，而男嬰兒因為大腦發育比女嬰兒晚，情感認知不足，更需要父母的細心照顧。

　　男孩和女孩不管從生理到心理，從身體發育到大腦發育，都有非常多的不同，也正是因為這些不同，男孩和女孩的養育方式也完全不一樣，關於這一點，我們在第二章「男孩是否要推遲一年上學」中再給大家具體解釋。

1歲後，擁抱的同時傾聽男孩的需求

　　哈佛大學的早期教育研究顯示：「你越早開始正確應對始於五個半月孩子的需求性啼哭，越有可能避免寶寶在3歲前成為一個自私而任性的孩子。」

　　專家認為，1歲以後的孩子會為滿足自己的安全感和親近需求，用哭鬧等方式影響照顧者的行為。也就是說，大一些的幼兒哭鬧或求抱，確實是有目的性的，或許也帶著不合理的需求。但父母與其擔心「多抱是否會寵壞男孩」，還不如仔細思考男孩「哭鬧渴求擁抱背後的需求」。如果男孩的需求是合理的，父母自然應該給予滿足。如果男孩是無理取鬧，父母更應該給予擁抱，再輔助情緒疏導，引導男孩尋找解決問題的方法。

　　舉個例子，如果遠遠想買一輛玩具小汽車，但家裡已經

有很多輛了，媽媽之前說過不可以再買，這種情況下遠遠哭鬧很明顯就是為了逼迫媽媽買小汽車。這時候，我們可以不接納男孩發脾氣哭鬧的行為，但我們一定要接納男孩哭鬧的心情，我們可以擁抱孩子：「媽媽知道你很難受，你可以哭，沒關係，媽媽在旁邊陪著你，只要你需要，媽媽隨時給你幫助。」被媽媽接納了情感需求的男孩，也就堅定地相信「媽媽是愛我的」這一信念。

我們先幫助男孩把這份「情感需求」解決掉，男孩把「媽媽會離開」的情感恐懼發洩完，這個過程讓男孩對分離焦慮有了理解，他也就不會再害怕媽媽「不要我」了。

解決完情緒問題，等遠遠安靜下來，遠遠媽媽可以再和遠遠梳理「行為」問題，甚至可以和遠遠一起制定購買玩具的規則。

媽媽擁抱遠遠：「你想買小汽車是嗎？」

遠遠哭泣但情緒穩定：「嗯，我真的很想要。」（被安撫過情緒的孩子，一般都很講道理）

遠遠媽媽：「我知道你肯定很想要，媽媽也很想給你買，但家裡已經有很多一樣的小汽車了，你看這樣好不好，我們把這輛小汽車當作你兒童節的禮物，如果到時候你還喜歡這輛車，我們再來買好不好？」（給孩子制定規則，且透過「延遲滿足」的方式教孩子「學會等待」）

第一章
別憂慮男孩太黏人，那是他「建構安全感」的途徑

遠遠開心點頭，覺得自己的需求被滿足。

美國一個學前智慧教育研究所，曾對 200 多名 2 歲的孩子進行追蹤實驗，結果發現，以三年為期限，有些孩子的智慧數據上升得很快，有些孩子卻下降了。研究者非常好奇，對數據上升很快和下降很大的孩子，進行了家庭情況回訪，他們驚奇地發現：孩子智慧發育的快慢，正面性格的養成，主要取決於父母與孩子的交流頻率和準確性。另外，他們還發現，經常被父母抱著或背著的孩子，與父母交流的頻率和準確性是最高的。

可見，在孩子的心裡，「抱 = 回應我的需求 = 你愛我」。這個道理對男孩的影響更大。擁抱本身，和寵壞並無關聯，和父母對男孩需求的回應態度有關。如泰戈爾所說：「被媽媽親愛的手臂所擁抱，其甜美遠勝過自由。」

媽媽多陪孩子玩「分離焦慮」的遊戲

每個孩子都會經歷分離焦慮，《伯克畢生發展心理學》中寫道：孩子在明確依附階段（6 ～ 8 個月和 18 個月～ 2 歲），對熟悉養育者的依附已非常明顯，他們會表現出分離焦慮，在他們依賴的成人離開時煩躁不安。

如果父母在這個階段，沒有很好地應對、處理孩子的焦慮，比如，因為怕孩子哭鬧，孩子最愛的媽媽偷偷離開去上

班，這對孩子的傷害是非常大的，因為這個階段的孩子正進入「物體恆存」的心理階段，在我們看來，媽媽只是出去上個班，一會就回來了，但對孩子來說，「媽媽不在我眼前等於媽媽消失了」。大家設身處地想一想，這對孩子來說，是多可怕的事情，「我最愛的媽媽消失了，不要我了」。

如果孩子在這個階段沒有得到「心理滿足」，即便身體不斷成長，但內心的恐懼和害怕會越來越深，如果父母沒有及時回應和疏導孩子，孩子的分離焦慮就會越來越嚴重，出現離開父母就爆哭，無法正常上學的情況。

那麼，怎樣幫孩子順利度過分離焦慮期，讓孩子更好地了解「物體恆存」？其實有個非常簡單的方法 —— 陪孩子玩遊戲。

1. 躲貓貓

媽媽和孩子玩躲貓貓遊戲，用手掌遮住自己的臉，再開啟。如果父母仔細觀察，會發現自己剛把臉遮住的時候，孩子的表情是「驚愕」的，但把手伸開，重新露出臉的時候，孩子就會笑起來。

孩子的表情轉變很好地反映出孩子的心理變化：媽媽不見了（驚愕）—— 她消失了 —— 她不要我了 —— 她回來了（興奮）。因為這個遊戲的時間過程很短暫，只有一兩秒，所以孩子會很興奮地笑起來。

第一章
別憂慮男孩太黏人，那是他「建構安全感」的途徑

媽媽可以根據孩子的年齡，延長玩躲貓貓的時間，比如，從一二秒開始，到三四秒，五六秒，讓孩子慢慢意識到，不管怎樣，媽媽都在。

2. 捉迷藏

躲貓貓高級版。讓孩子在遊戲裡體驗：我找不到別人 ── 別人找不到我 ── 最後都能找到的感覺，讓孩子在輕鬆愉悅的氛圍裡理解分離。同樣，媽媽可以根據孩子的年齡，拉長「被找到」的時間。

3. 尋找替代品

媽媽離開前，可以給孩子尋找一個替代品，比如媽媽的手絹，媽媽送給孩子的玩偶，只要孩子喜歡，什麼都可以。

我兒子在 2 歲多的時候，分離焦慮很嚴重，無法接受我離開，後來我發現一本關於「緩解分離焦慮」的繪本 ──《魔法親親》，這本繪本幫助我解決了難題。

《魔法親親》裡的小浣熊在上學前非常難過，他不想離開媽媽，想繼續留在家裡。浣熊媽媽就送了他一個「魔法親親」。浣熊媽媽拉起小浣熊的手，在小浣熊的手掌心親了一下，小浣熊覺得媽媽的親親，從他的手掌心很快地衝上手臂，鑽進心裡，就連他毛茸茸的黑臉頰，也感受到一種特別的溫暖。

浣熊媽媽笑著說：「從現在開始，你覺得孤單和需要家的關愛時，只要把手貼在臉頰上，心裡想著媽媽愛你，媽媽愛你，這個親親就會跳到你的臉上，讓你覺得溫暖又舒服。」小浣熊好喜歡他的「魔法親親」，現在，他知道不管自己去哪裡，媽媽的愛都會和他在一起，就算去學校也一樣。

繪本裡的小浣熊在媽媽的愛裡，愉快地去了學校，並開始享受學校生活。而我的兒子，也在我給他的魔法親親裡，平穩度過了他的分離焦慮期。其實，所有的替代品，歸根結柢，體現的都是父母的愛，都是永不磨滅的魔法親親，不管是小男孩還是大男孩，他越是感受到魔法親親的力量，也就越有了闖蕩世界的能量，而父母永遠是他背後最堅定的堡壘。

學以致用

和大家分享一個故事。

我兒子兩三歲的時候，是我特別情緒化的階段，為了訓練他「獨立」，我很努力地把他「推出去」，遇到事情，總逼迫他自己想辦法解決。

那段時間，我兒子特別愛哭，特別膽小，還特別愛黏我，這也造成一種惡性循環，導致我更加情緒化，更想把他往外推。

第一章
別憂慮男孩太黏人，那是他「建構安全感」的途徑

直到發生一件事，才徹底讓我學會「把他抱進懷裡」，給他安全感的意義。

那次，我兒子在玩溜滑梯時，突然拉肚子了。臭味慢慢出來，周圍的小朋友們全聞到了。我兒子那時候兩三歲，已經懂得不好意思了。

我趕緊上前安慰他，對他說沒關係，並抱著他往家走。

誰能想，有個七八歲的小孩特別可氣，還專門追上來說：「哎呀，臭死了，阿姨，他這麼大了還拉在褲子上，太臭了。」

我明顯感覺到兒子的身體瞬間緊繃。其實我本來也挺生氣的，氣我兒子這麼大了還拉褲子，讓我丟臉，但那一下，我突然很心疼兒子，我馬上就很大聲地回答：「不就是拉肚子嘛，有什麼大不了的，回家換褲子就好了，我一點都不覺得臭，就算臭我也不嫌棄。」

我這話說完，就明顯感覺到兒子的身體放鬆下來，而且，他更緊地摟住了我的脖子，那時我非常清晰地感受到，就是有種被理解、被接納、被喜歡，感動又歡喜的感情。

後來我想想，這就是安全感呀 —— 不管我做錯什麼，我多丟人，我的爸爸媽媽永遠站在我這邊，愛我、保護我。

從那以後，我再也不逼他「獨立」，他有需要我就把他抱進懷裡，用「抱」表達「接納和愛」，也是從那時候開始，他反而越來越開朗、勇敢、獨立。

男孩的玩具被搶，要不要幫他搶回來

　　幫男孩把被搶的玩具「搶」回來，其實是在維護他「我值得」的自尊。

2歲多的男孩不分享玩具被說「小氣」怎麼辦？

　　優優媽媽遇到一件煩心事，他們小區有個小霸王，特別愛搶別人的玩具，搶到玩具後不是獨自霸占，就是隨便丟棄，小霸王之所以會這樣，是因為有個寵愛他的奶奶撐腰。

　　每次小霸王看中別人的玩具，都是直接上手搶，這時候，他的奶奶就會在旁邊請求對方家長：「我孫子這壞脾氣實在沒辦法，你先讓他玩會兒好嗎？」大家都是一個小區的，對方也不太好意思拒絕，只能勉強同意。

　　有一回，小霸王看上優優的皮球，非要搶，優優媽媽邀請他和優優一起玩，他不樂意，吵鬧著一定要把球據為己有，他的奶奶在一旁勸阻無效後，再次請求：「給我們玩一會兒吧？」優優不願意，哭著大喊：「媽媽，媽媽幫我。」優優媽媽看著心疼，也著實氣憤對方沒禮貌，於是直接上手幫優優把皮球搶了回來。小霸王開始哭鬧，他的奶奶竟然在旁邊說：「他們是小氣鬼，算了，我們不和他們一起玩。」

　　優優媽媽很生氣，明明是他們搶玩具不對在先，卻倒打

第一章
別憂慮男孩太黏人，那是他「建構安全感」的途徑

一把說優優是小氣鬼。但是，氣歸氣，優優媽媽也有點為難，像小霸王這麼霸道的人，優優不借玩具還情有可原，可若真是別人很有禮貌地想借玩具，如果優優還是不願意，那不借是真的小氣嗎？優優是個不懂得分享的自私的孩子嗎？而且，有時候，優優也會出現搶別人玩具的情況，又要怎麼處理呢？

首先，我要肯定優優媽媽的做法，男孩的玩具被搶，媽媽當然要幫忙「搶」回來，當然，我們的態度堅定，行為可以溫柔：「這是我的玩具，請還給我。」

其次，我們再來了解「搶玩具」引發的一系列問題。在成人看來，孩子似乎會在兩三歲的時候突然出現一些「搶玩具」的「壞」行為，但實際上，這是孩子正在經歷物權敏感期，這和幼兒自我意識發展有關。

孩子通常會在 1 ～ 2 歲的時候，開始萌發自我意識，隨著他們大動作和精細動作的發展，他們會意識到，自己是一個獨立的個體，可以控制自己的行為，於是他們開始不再「聽話」；當孩子 2 ～ 3 歲的時候，他們開始區分「你」「我」「他」，進入了「這是我的」的物權敏感期，這個年齡層的孩子自我意識逐漸形成，會認為「所有的東西都是我的」，所以就會出現「爭搶」東西的情況，家長以為他們是沒禮貌在爭搶，但對孩子來說，他們只是在維護「我的東西」而已。

所以，這個階段的孩子，如果玩具被搶，父母一定要幫

孩子把玩具拿回來，這樣孩子才能形成物權概念。如果孩子習慣被搶、被分享東西，這樣的孩子長大後容易出現討好型人格，不敢說「不」、不敢拒絕別人、不敢維護自己的利益。

那麼，當孩子進入物權敏感期，父母應該怎樣教孩子正確的物權觀念，讓孩子既能維護好自己的物權、又能養成分享的好習慣呢？我們從以下三個方面分享。

告訴男孩，你的東西，
不經過你的允許，誰也不能動

崇尚謙讓當然是非常好的美德，但具體操作在育兒上就非常傷害孩子。很多家長會覺得，孩子還小不懂事，我是家長，我來做主，既然別人要玩玩具，那我就給他玩，這樣才顯得我們大方有禮貌，也能教會孩子分享。

但換個角度我們問家長：「你能把手機給我玩一下嗎？」想來十個家長有九個都會找藉口拒絕，剩下一個願意藉手機的家長，大機率是因為他是討好型性格，即使不情願，也不好意思拒絕。那麼，成人都不願意做的事情，為什麼要勉強孩子？

有位教育專家分享過這樣一個故事。有個男孩叫嘟嘟，他有一輛小摩托車，人可以坐在裡面開動，嘟嘟非常珍愛這輛車，有一次，鄰居帶孩子來嘟嘟家裡玩，鄰居的孩子也很

第一章
別憂慮男孩太黏人，那是他「建構安全感」的途徑

喜歡這輛摩托車，嘟嘟媽媽出於禮貌，直接就把這個孩子抱上了摩托車。

嘟嘟很不高興，也搶著上摩托車，還拚命把鄰居的孩子往下推。兩個孩子因為爭搶摩托車，哭鬧起來。嘟嘟媽媽覺得嘟嘟太沒禮貌，便強行把嘟嘟抱開，讓鄰居家的孩子玩，受了委屈的嘟嘟對著鄰居的孩子大喊：「我討厭你，再也不要來我家玩了。」鄰居覺得不好意思，也趕緊抱著孩子離開。

最後，兩個孩子都哭得很傷心，兩位媽媽都很尷尬，鬧得不歡而散。嘟嘟媽媽請教專家：「嘟嘟這麼沒有禮貌，我該怎樣教育他不能搶玩具，學會分享呢？」專家直接回答：「嘟嘟媽媽，是你做錯了。那是嘟嘟的摩托車，媽媽沒有徵求嘟嘟的意見，強行把孩子的玩具分享出去是不對的。」

像嘟嘟媽媽這樣出於「禮貌」，自行把嘟嘟的摩托車拿出來分享，其實是給大家做了一個壞示範，首先嘟嘟媽媽的這種行為會傷害孩子的物權概念，有可能造成兩個問題：

1. 孩子會模糊物權歸屬的邊界，覺得別人的東西可以隨便拿，是不需要經過別人同意的，孩子變得越來越霸道；
2. 孩子不懂得維護自我，覺得我的東西天生要給別人，孩子容易形成討好型人格。

我們當然需要培養男孩學會分享的好習慣，但沒有得到過物權尊重的孩子，是不容易學會分享的。就像一個從來沒

有得到過愛的人，你非要他用溫暖的方式去愛別人，他是沒辦法做到的，因為他沒被愛過，所以不懂得怎麼愛別人。

美國心理學學會指出，在心理行為上，3～4歲的孩子仍然會對分享自己心愛的玩具感到困難，他們也很難主動從別人的立場來考慮問題。這時候，孩子的自我意識已經覺醒，關注點只在「我的」。所以，父母要維護好孩子的物權，尤其是在孩子2～3歲階段，不強迫分享，不代替分享，明確告訴孩子：「這是你的玩具，沒有經過你的允許，就算爸爸媽媽也沒有權力玩。」

告訴男孩，別人的東西，不經過允許，媽媽也不能動

懂得維護自己玩具的孩子，也就理解為什麼「要經過允許才可以玩別人的玩具」。但天性使然，沒有多少孩子能在一開始就做到這點。於是，孩子在看到自己喜歡的玩具時，還是會積極地去「搶」，這裡除了物權問題以外，又出現一個新問題——社交能力。

有位育兒專家說：「對孩子來說，不能很好地透過語言表達自己的想法，所以往往喜歡直接採用『搶』或『打』的肢體語言去解決問題。」所以，當孩子出現搶玩具的行為時，父母要注意強調物權規定，但同時也要引導孩子更好地進行社交。

第一章
別憂慮男孩太黏人，那是他「建構安全感」的途徑

3歲的老虎非常想玩浩浩的小汽車，但浩浩不願意分享。

那麼，作為老虎的父母，首先要和他強調「別人的玩具不經過別人的允許，不可以玩」這條物權規定；當然，父母不能太強硬，可以先共情孩子的難過情緒：「媽媽知道你很想玩這個玩具。他沒有給你玩，你很難過是嗎？媽媽抱抱。」

其次，引導孩子解決問題，這也是社交的重點。我們可以給孩子示範溝通方式，引導男孩思考解決方法：「你看這樣好不好？我們問問他，能不能一起玩呀？或者，用我們的玩具去交換，換著玩行不行呀？」當然，如果對方還是不願意分享，我們就需要做好孩子的安撫工作，同時可以藉機教育孩子學會「分享」。

比如，老虎帶了一個皮球，這一回，浩浩非常想玩，但老虎不願意分享，這時候，我們依舊可以用「共情 —— 引導」的方式和老虎溝通：

媽媽：「你想自己玩是嗎？浩浩直接過來拿你的皮球，你不高興是不是？」（先共情孩子的情緒，尊重孩子的物權）

老虎：「對，我很生氣。」

媽媽：「嗯，這是你的玩具，你可以決定怎麼玩，不過，浩浩看起來很想玩，你願意和他交換嗎？浩浩用小汽車交換你的皮球，這樣你們就可以玩兩個玩具了。」（引導孩子學會社交）

老虎：「我不想交換，我想多玩一會兒皮球。」

媽媽：「好的，媽媽尊重你的意見，等你準備好了，你會分享的對嗎？」（引導孩子理解分享）

老虎：「嗯。」

用「共情 —— 引導」方式和孩子溝通

這個過程，我們不但能維護好孩子的物權意識，同時能培養孩子的社交禮儀，當孩子建構起物權歸屬後，在公平公正的前提下引導其分享，往往事半功倍。

公共的東西需要排隊等待，輪流玩耍

除了以上兩種物權，我們也必須告訴孩子：「公共的東西需要排隊等待，輪流玩耍」。這就更考驗孩子對物權的理解，以及孩子的社交能力。但就像《正面管教》所說：「每一次孩子出現『挑戰行為』時，都是教育的大好機會。」

如果兩個孩子因為公共玩具發生了爭吵，父母可以這樣做：

第一章
別憂慮男孩太黏人，那是他「建構安全感」的途徑

1. 分離孩子，避免孩子在爭搶過程中受傷；
2. 理解並允許孩子發洩情緒，尤其是憤怒或傷心的情緒（共情）；
3. 等孩子平靜後，強調物權問題，了解爭搶原因；
4. 幫助孩子尋找比「搶」或「哭」更好的解決辦法，引導孩子提高社交能力。

當然，我們建議，在確定兩位孩子安全的前提下，父母不干預、不參與，讓兩個孩子自行處理衝突會更好，因為，這也是非常好的鍛鍊孩子社交的方式。

有位腦科學家曾講過這樣一個故事，他帶女兒去玩小區的滑梯，突然跑來一個男孩，兩個孩子都想玩滑梯，魏坤琳在旁邊觀察，發現兩個孩子在你一言我一語中已經商量好一起玩。

這時候，男孩媽媽追了上來，拉住男孩說：「姐姐先玩的，你排隊等著。」男孩就選擇先去玩別的玩具，魏坤琳覺得很可惜，雖然媽媽的教育是對的，但如果把主動權交給孩子自己，孩子就能得到更多鍛鍊社交的機會。

成長路上，男孩遇到的每一個問題其實都是父母幫助孩子進步的機會，父母要帶著共情去理解孩子的心情，引導孩子自己思考出解決方法，男孩也就在尊重的環境裡愉快長大。

男孩的玩具被搶，要不要幫他搶回來

學以致用

思考：男孩有一整本超人力霸王卡片，親戚家的小孩想要一張，男孩不願意分享，你會尊重男孩嗎？怎樣既保護他的物權又引導他社交？

第一章
別憂慮男孩太黏人，那是他「建構安全感」的途徑

男孩被欺負？
3個遊戲教他不惹事也不怕事

父母要傳達「不惹事也不怕事」的態度，更要培養男孩妥善處理問題的能力。

男孩經常被幼稚園同學欺負，
到底要不要打回去？

小男孩快樂身材比較瘦弱，很容易被人欺負，幼稚園有一個非常壯的小男孩壯壯，脾氣很暴躁，偏偏快樂很喜歡和他在一起玩。但小朋友們好的時候很好，壞的時候打起架來也是很凶狠。不到一個學期，快樂已經被壯壯咬了一回，肚子打了一拳，還被狠狠地推過一次。

快樂被欺負，媽媽當然很心疼，但畢竟都是些小傷，兩家家長又都是朋友，對方每次也都主動道歉，快樂媽媽也不好說什麼。但每回看到快樂被打得哇哇哭，她就會很氣：「你怎麼就不知道打回去呢？」她也教過快樂很多次：「我們不可以主動打人，但要是他們打你，你就要打回去。」

每次快樂都說好，但每次還是被欺負。這事讓快樂的爸爸非常生氣，他嫌棄快樂膽子小，開始天天在家教快樂打拳，他教育快樂：「誰欺負你，你就直接打回去。」那之後，

男孩被欺負？3個遊戲教他不惹事也不怕事

快樂還真的「勇敢」了不少，要是再被欺負，也不會再呆呆站著被打，也開始反擊，但很快，又出現新問題，快樂有了暴力傾向，一言不合就打人。

這讓快樂媽媽心情很矛盾，她和我說：「說實話，快樂打人，我心裡還有點高興，覺得我兒子也敢打人還挺勇敢的，真的，以前老看他被別人欺負，我太心疼了，可是我真不知道怎麼教他，畢竟，被人欺負不好，可他欺負別人這也不行啊。」

我非常理解快樂媽媽的心情，我們都期待男孩能勇敢堅強，不惹事也不怕事，但真正在教育的時候，如何拿捏分寸是非常難的。我在網絡上看過這樣一個影片，一位國中生模樣的男孩被人欺負，他爸爸非常生氣，對男孩說：「他打你一次，你原諒他；他打你二次，你原諒他；他要是打你第三次，你就給我狠狠打回去，不要怕把人打壞，我賣房賣車給你賠。」

留言區很多人叫好，都在誇讚這位爸爸的做法，說他給了孩子很大的底氣。問題是，大家考慮過後果嗎？首先，如果孩子真的按照爸爸的做法，在第三次才還擊，肯定帶著很大的憤怒和仇意，如果真的把對方打傷得很嚴重，我們真的要賣房賣車去賠償嗎？那對方是不是也會用同樣的方式打回來？冤冤相報何時了？

其次，有一個非常容易被父母忽略的問題，我們教孩子「打回去」，語言上的指導和支持，確實能給孩子的心理帶來

037

第一章
別憂慮男孩太黏人，那是他「建構安全感」的途徑

很大力量，但在真正遇到的時候，並沒有太多借鑑意義，孩子依舊不知道怎麼反擊，怎麼自保。

事實上，小男孩「打鬧」還是小問題，但如果男孩從小沒有學會自我保護，進入小學、中學、高中一旦遇到校園霸凌，那後果非常可怕。根據《青少年攻擊性行為的社會心理研究》調查顯示，49％的學生承認對其他同學有過暴力行為，87％的學生曾遭受過其他同學不同程度的暴力行為。

可見，教育男孩不惹事不怕事，非常重要，也非常急迫，但比起爸爸們單純的「不計後果的打回去」的教育方式，我認為應該抓住以下兩個關鍵點：

1. 教會孩子自保；
2. 教會孩子真實情況下怎麼做。

我給大家分享 3 個遊戲，幫助男孩用行動理解「不惹事也不怕事」。

遊戲 1：
父子模仿「打架」，教育男孩先學會求助

有一次，我和做家庭教育的老師一起去幼稚園調研，突然聽到一陣刺耳尖叫，接著聽見一個小男生大喊：「老師老師！」我們都嚇了一跳，幼稚園老師安撫我們：「沒事沒事，是我們班一個孩子，他每次都這樣。」

男孩被欺負？3個遊戲教他不惹事也不怕事

我們趕緊一起過去，大聲尖叫的孩子是一個中班小男生，因為被同學搶繪本，他不願意放手，對方就朝他揮拳，兩人就扭打了起來。繪本區在教室一個非常安靜的角落，如果不是他大聲尖叫，老師可能要很久才能發現他們在裡面打架。

因為「求救」及時，很多同學已經過去圍觀，有些孩子已經很機靈地去叫老師。我們一到，趕緊把兩人分開，馬上就有圍觀的同學繪聲繪色地說：「他搶他的繪本，兩個人就打了起來。」

因為處理及時，兩個孩子並沒有受傷，一個道歉一個願意原諒，事情很快解決。事後，我們了解到，那位習慣大聲尖叫「求救」的男孩，有一個做警察的爸爸，他的爸爸平時在家經常和兒子玩「求救」的遊戲，他告訴孩子：遇到危險，第一件事一定是求救，如果在學校，可以大聲呼叫老師幫助，如果在校外，可以大聲呼叫警察或者其他成人，來幫助自己。

這件事給了我很大的啟發，如果孩子被人欺負，我們可以教孩子打回去，但當下的重點，一定是先教孩子求救自保，避免孩子受到更大的傷害。對幼童來說，最好的方式肯定是大聲呼叫，引起人注意，人越多，安全的可能性就越大。

當然，我們只口頭教男孩「求救」，他在遇到事情時，未必能執行，凡事都需要刻意練習，所以，父母可以在家經常和孩子玩「打架」的遊戲。

039

第一章
別憂慮男孩太黏人，那是他「建構安全感」的途徑

遊戲目的：教會男孩學會求救。

遊戲角色：孩子扮演打人者，父母扮演被打者。

遊戲規則：當被打者（父母）被欺負的時候，被打者迅速發出求救聲，並保護好自己的頭部、眼睛、鼻子、脖子、肚子、下身。

求救聲可以是：大聲尖叫、呼叫老師、救命聲等孩子容易發出的聲音。過程中，父母同時強調，不可以打頭部等重要部位，告訴男孩要保護好這些部位。等男孩熟悉這個遊戲後，父母可以和男孩互換角色，以此鍛鍊男孩的自我求救能力。

這個遊戲非常適合年紀小的男孩，男孩的模仿能力特別強，很快能學會。同時，遇事先「求救」的意識也能內化到男孩內心，當他遇到危險的時候，第一反應也會先求救自保，當然，當男孩長大，他也能找到更多其他的求救方式。

遊戲 2：
父子模仿「追逃」，教育男孩自保最重要

據調查，大多數被欺負的孩子，都是性格比較孤僻或者身形比較瘦弱的孩子。所以，父母在平時需要注意維護好男孩的心理和身體。

心理層面的因素比較多，但歸根結柢，父母的愛和支持

男孩被欺負？３個遊戲教他不惹事也不怕事

是最重要的，一般來說，親子關係好的家庭，即便是孩子被欺負，父母也能很好地進行協調。而親子關係不好的家庭，男孩被欺負也不敢和父母說，怕反被父母責罵，這就很容易造成惡性循環，讓男孩越來越膽小，越來越容易被欺負。

再說身體，即便身體健壯又靈活的孩子，遇到危險，也可以打不過就跑，但想要跑得又快又好，也是需要鍛鍊的。所以，父母平時一定要多陪男孩跑步，做各種體育鍛鍊，提高男孩身體的靈活性，而且，鍛鍊不但可以強身健體，還能強壯心智。

很多爸爸會覺得，教男孩「逃跑」實在太沒面子，事實上，當男孩遇到危險，平安永遠比面子重要，如果打不過又無法求助，自然趕緊跑走最可靠，我們一定要教會孩子，被欺負就求救，打得過就打，打不過就跑，保護自己最重要。

有位教授傳授過一個小技巧，她的孫女在學校總是被人欺負，她就教孫女一招：雙手抓住對方的耳朵，使出吃奶的力氣往下一扯，耳朵是人體最容易吃痛的部位，這一招不需要費太大的力氣，就可以直接掙脫對方的束縛，馬上跑走。女孩都能用的技巧，教男孩學會肯定更容易。

同理，父母也可以經常和男孩玩「追打逃跑」的遊戲。

遊戲目的：鍛鍊男孩靈活躲逃的能力。

遊戲角色：父母扮演追打者，男孩扮演逃跑者。

第一章
別憂慮男孩太黏人，那是他「建構安全感」的途徑

　　遊戲地點：森林，公園，小區，樓道等。

　　遊戲規則：追打者束縛／擊打逃跑者，逃跑者掙脫束縛並順利逃跑即可。

　　天氣好的時候，父母可以帶著男孩在公園裡玩「追逃遊戲」，既是很好的親子遊戲，又是很好的體育鍛鍊，更重要的是，能幫助男孩形成肌肉記憶，遇到危險的時候能發現有利地形，迅速掙脫束縛，逃跑求助。

遊戲 3：
父母多陪男孩「過家家」，引導男孩呼朋喚友

　　除了提升男孩的心理素養和身體素養，父母也要培養男孩廣交朋友和深交好友的能力。有句話叫，朋友多了路好走。愛交朋友的男孩，本身性格就樂觀開朗，解決社交衝突的能力也比較強。另外，「朋友圈」會成為男孩的「保護圈」，不容易讓他成為被欺負、霸凌的對象。

　　我兒子讀幼稚園時，有兩個非常好的朋友，三個男孩總是「互相保護」：A 的玩具被搶了，另外兩個男孩馬上就衝上去一起搶回來；B 和別的孩子有了衝突，另外兩個男孩馬上就上去維護。他們在一起的時候，我們完全不需要擔心他們被欺負，只需要注意他們別影響到其他人。

　　後來，我兒子上了一年級，也有一個非常好的「兄弟」，

男孩被欺負？3個遊戲教他不惹事也不怕事

他在學校遇到一些男孩之間磕磕碰碰的小事，也會先找好朋友幫忙解決，回來再告訴我們。顯然，朋友是共同成長的盟友，也是互相保護的戰友！

交朋友，是件很快樂的事情。有些男孩天生愛交朋友，而有些男孩相對來說社交能力弱一些。所以，父母可以提前引導男孩「社交」，例如，多玩「扮家家酒」形式的活動，這個活動並不是指小孩玩的扮家家酒遊戲，而是一種把朋友聚集在一起的形式。

男孩小的時候，父母可以定下一個活動主題，比如「玩賽車主題」、「讀繪本主題」，邀請男孩的朋友來參加；大一些的男孩，父母可以牽頭組織一些體育運動、野餐聚會等；男孩生日這樣的好機會，父母更要利用起來，多邀請男孩的同學和朋友到家裡玩。父母創造機會多幫著男孩把交友能力培養起來，男孩也就越來越享受社交，越來越愛結交朋友，也就有了自己的「夥伴團」，這將會是男孩很大的支持和助力。

事實上，擅於交朋友的男孩，社交能力都比較突出，他的身上也會具備一些美好特質，例如：語言表達能力強，愛分享，有禮貌，性格開朗等。這些美好的特質並不是天生的，很多是在社交中鍛鍊出來的。所以，父母多組織「扮家家酒」活動，既可以幫男孩搭建朋友圈，更可以為男孩創造更多鍛鍊社交的機會。

043

第一章
別憂慮男孩太黏人，那是他「建構安全感」的途徑

學以致用

思考：你家男孩被人欺負過嗎？你是怎麼處理的？

男孩愛發脾氣？用「看見情緒三法則」，教他學會情緒管理

「男孩愛發脾氣是性格不好嗎？」不，那或許是他發出的「求救」訊號。

7歲男孩每天放學都要發通脾氣，把媽媽氣得頭痛

睿睿是個7歲小男生，上了一年級後，突然形成了一個壞習慣 —— 每天放學都要在大馬路上發一通脾氣，而且，從不說原因。這不，媽媽剛把睿睿從學校接出來，還沒走兩步，他就一臉不高興，大聲嚷著：「我很煩。」

睿睿時不時就鬧這麼一出，媽媽也是無可奈何了，一開始，她還耐著性子講道理：「怎麼又煩了，你有什麼可煩的，被老師罵了？還是被同學欺負了？說出來，媽媽才能幫你。」但睿睿完全不回應，反而鬧得更凶，還帶起哭腔。

大馬路上人來人往，媽媽覺得丟臉，又氣又急，實在沒忍住就發了脾氣，她把睿睿扯到牆角，由著他鬧：「這周圍都是你的同學，你不怕丟人就哭個夠。」被媽媽一凶，睿睿鬧得更厲害，還不斷拉扯著媽媽的衣服，企圖獲得媽媽的回應。

第一章
別憂慮男孩太黏人，那是他「建構安全感」的途徑

媽媽有時候能忍住脾氣，不理睬他，有時候實在生氣，也會控制不住在馬路上責罵睿睿，總之，每到這個時候，母子倆就會陷入僵局。睿睿每次鬧騰，幾乎都要半個小時以上，等睿睿自己發完脾氣，才跟媽媽回家。

這事讓媽媽非常頭痛，她既氣睿睿無理取鬧，又怕睿睿從此養成這個壞習慣，長大可怎麼得了？為此，媽媽想了很多辦法，比如，接睿睿放學的時候，專門給他帶些他愛吃的零食，偶爾睿睿會很高興，但更多時候，也不知道是什麼原因，似乎一言不合，睿睿就會發脾氣。

其實，睿睿的這種行為在很多家庭都有，不讓買玩具就在超市撒潑打滾、不讓看電視玩遊戲就大哭大鬧、一到做作業時間就開始發脾氣……，而且，我們會發現，雖然男孩女孩都容易出現這些問題，但男孩發脾氣，時間之長，反抗之大，安慰之難執行，足以讓很多父母寫一部「養男娃血淚史」。

雖然父母都非常愛孩子，但家有愛發脾氣的男孩，真的讓人承受不起。所以，大多數父母，遇到孩子哭鬧，就只希望他能馬上安靜下來。遺憾的是，父母越說停止哭鬧，男孩哭得越厲害。事實上，如何盡快讓男孩平復心情是有方法的。但有一點容易被父母忽略，男孩愛發脾氣，其實也是在向父母傳遞「求救」訊號——「爸爸媽媽，我遇到難事了，不知道怎麼處理問題，也不知道怎麼處理情緒」。

那麼，怎樣才能接收到男孩的求救訊號？怎樣讓發脾氣的男孩盡快平復？怎樣幫助男孩解決問題，學會情緒管理？下面，我給大家分享一個「看見情緒三法則」。

第一個法則：先接納男孩的情緒，而不是阻止

很多父母會發現，就發脾氣這件事，男孩和女孩的表現很不同，大部分女孩的表現形式都比較溫柔，能清晰地表達情緒，在輕聲細語裡把問題解決；男孩發脾氣大概就是「電閃雷鳴，風雨大作」。

其實，這和大腦構造有關。大腦中負責掌管認知功能的額葉皮層與情緒反應密切相關的邊緣系統，是決定理解和感受別人情緒的腦區。據研究，男孩的大腦額葉天生不如女孩活躍，發育也比女孩更緩慢，這就導致男孩的自我控制能力沒有女孩強，對外界事物的反應也比女孩激烈，更容易衝動。

所以，男孩遇到「丁點小事」也容易發脾氣。遺憾的是，許多父母並不理解男孩的「無奈」，往往希望透過講道理的方式讓男孩安靜下來，但這種時候，男孩是聽不進任何道理的。於是，父母越阻止，越適得其反，讓衝動的男孩鬧得更厲害。

相反，父母接納孩子的情緒，反而更有利於孩子的心理健康。

第一章
別憂慮男孩太黏人，那是他「建構安全感」的途徑

W·湯瑪斯·博伊斯博士（W. Thomas Boyce M.D.）在《蘭花與蒲公英》一書中談道，1989 年加州發生大地震時，他收集數據研究地震對兒童免疫系統的影響。他請經歷過地震的孩子「畫地震」。有些孩子畫出那場災難中快樂的畫面；有些孩子則畫出地震中可怕的畫面，圖畫展現出較多的悲痛。

博伊斯博士認為，人類透過講故事、創造藝術來表達自我的方式，是一種勇於面對恐懼的方法，因為我們對那些可怕的事物表達的感受越多，漸漸地它們就變得沒那麼可怕了。表達悲傷雖然痛苦，但我們每次把悲傷表達出來後，悲傷或多或少都會減少一些。

同理，男孩發脾氣時，父母就算再生氣，也別急著喊「停」，先接納孩子的情緒，讓孩子的情緒流動起來，才能排除那些不利於孩子身心發展的情緒。

🄐 不著急喊「停」

孩子哭泣時，父母要接納孩子的情緒

知道接納很重要是一回事，能不能做到又是另外一回事。看到撒潑打滾的男孩，父母確實很難做到平靜接納。關

於這點，某位教授是這樣建議的：把發脾氣的孩子單獨帶到安靜的房間，爸爸或者媽媽在邊上陪伴，注意不打不罵，不阻止也不講道理，等待孩子把脾氣發洩出來，等孩子完全安靜下來，再擰個熱毛巾，給哭得滿臉淚的孩子擦把臉，這時候，再來聊聊為什麼發脾氣。

有位心理學家曾說：「生命力只有一種，被看見就會變成好的生命力，比如熱情、創造力、愛；而不被看見時就變成了黑色的生命力，比如恨、攻擊、憤怒和破壞。」

陪在孩子身邊，允許他把脾氣發洩出去，這樣做表達的就是：爸爸媽媽愛你，願意陪在你身邊等你好起來，我們看見並願意接納你的感受。

等孩子安靜下來，父母該做的就是「看見情緒法則」中的第二點 —— 回應。

第二個法則：去回應男孩的情緒，而不是轉移

很多父母，遇到男孩發脾氣，會用「轉移」的方法來回應，比如讓男孩看電視，吃零食等，只希望他們能馬上停止發脾氣。

就像前文睿睿說「煩」，無計可施的媽媽用零食轉移他的注意力，但媽媽發現，這個辦法有時候有用，有時候沒用。那是因為，睿睿遇到的「問題」可能時大時小，有些能自己消

第一章
別憂慮男孩太黏人，那是他「建構安全感」的途徑

化的小問題，在遇到零食的時候他就「暫時」忘記了，有些不能消化的大問題，怎樣都無法被轉移。

事實上，人的情緒是無法轉移的，即便看起來好像「轉移」了，但沒被看見、接納、回應的情緒會積壓在心裡，最終產生可怕的後果。

《真希望我父母讀過這本書》裡講過一個故事。安妮絲與約翰深愛著 10 歲的兒子盧卡斯，夫妻倆的工作非常忙，工作日都是請人照顧盧卡斯，但週末一家三口都會在一起，盧卡斯看起來也很快樂。但是，有一天盧卡斯卻試圖從六樓的窗戶跳下去，幸好被臨時回家的約翰看見，才避免了這場悲劇。

為什麼會這樣呢？盧卡斯在治療師的幫助下說出了心理話：「我每次說我不開心的時候，爸爸總說，『別難過，我週六帶你去動物園』或者『爸爸會買個新的遊戲機給你』之類的話，他從來不關心我為什麼不開心，沒人聆聽我的感受，爸爸媽媽不愛我，我內心很孤單。」

後來，在治療師的幫助下，約翰和安妮絲開始改變，當盧卡斯說他感到難過時，他們不再用玩具或其他條件轉移盧卡斯的情緒，他們開始試著問盧卡斯那是什麼感覺，他是否知道原因。當父母那樣做時，盧卡斯覺得自己被接納了，有人傾聽，而不是被推開，就這樣簡單的改變，盧卡斯慢慢好了起來。

當然，盧卡斯的案例很特殊，但轉移孩子的情緒，危害真的很大。臨床心理學家鍾妮斯・韋伯（Dr. Jonice Webb）做

過研究：如果父母沒能給予孩子足夠的情感回應，不關注孩子的真實想法，這種童年情感忽視，會造成孩子低自尊與自卑，沒有歸屬感，沒有安全感，甚至陷入憂鬱。

所以，當男孩發脾氣，父母一定要及時回應。需要注意的是，要先回應感受，再回應事情。

心理治療師菲莉帕・派瑞（Philippa Perry）說過：「你應該堅持安撫的理念，去感受孩子的情緒，而不是急著去處理。如果你認真對待孩子的感受，並在孩子需要時給予撫慰，他們將逐漸學會內化那種撫慰，以後就能夠自我化解。」

先回應感受

蹲下來：讓男孩感受到被尊重。

直視眼睛：讓男孩感受到被重視。

看見他的情緒並反映出來：「我看見你很生氣，你一定很難受。」

當父母這樣做時，男孩反而會很驚喜，他們或許會放棄撕心裂肺的哭鬧，轉而發出終於被理解的抽泣聲，表達能力好的男孩甚至會主動說出發脾氣的原因。

再回應事情

當男孩的心情平靜下來後，父母可以在這個時候詢問孩子發脾氣的原因：「我們聊一聊，是什麼事情讓你這麼難受，

第一章
別憂慮男孩太黏人，那是他「建構安全感」的途徑

我很樂意幫助你。」

以睿睿為例，在心理諮商師的幫助下，我們發現，原來他之所以總在放學後「無理取鬧」，是因為剛上一年級的他，不適應小學生的生活，他不習慣「45 分鐘上課 +10 分鐘休息」的時間安排，經常會因為遲進教室被老師點名；有時候，他很積極舉手回答問題，但老師不叫他回答問題……，這些難過失落的情緒累積在心裡，讓他非常難受，但他又不知道如何表達這種情緒，就只能在放學後，在最親近的媽媽面前，發脾氣說自己「煩」。可媽媽不理解他，還指責他，這讓他更難受了，就愈發「無理取鬧」起來。

有意思的是，被心理諮商師理解和接納了情緒的睿睿，在冷靜下來後，甚至可以自己解決問題，「我現在知道了，一年級和幼稚園不一樣，課間休息的時候我不跑太遠，這樣，鈴聲一響，我就能馬上進教室了」。

顯然，情緒被理解和接納後，男孩會生出「自我化解」的能力。不過，每個男孩自我化解能力水準不同，當男孩表達自己無法解決問題時，父母也應該具體問題具體分析，幫助男孩尋找解決問題的方法。一起解決問題也是促進親子關係的潤滑劑。

第三個法則：去疏導男孩的情緒，而不是忽略

很多父母，在解決完男孩當下的情緒後，會認為事情已經結束，實際上，更重要的教育機會恰恰是在男孩發脾氣之後。

所以，父母在男孩有情緒時，要做的很重要的事情是引導男孩懂得與情緒和諧相處。

首先，教會男了解「情緒」。

父母可以透過讀繪本、做遊戲的方式，幫助孩子認識並理解情緒，重點是讓孩子知道，傷心、難過、憤怒等負面情緒，和開心、快樂、幸福等正面情緒，其實都是一樣的，情緒沒有對錯與好壞之分，沒有必要壓制負面情緒。

值得注意的是，6 歲以下的男孩發脾氣，更多是因為他不知道如何處理情緒，透過閱讀經典繪本進行情緒管理，可以達到事半功倍的效果；但 6 歲以上的男孩發脾氣，可能更多是受父母影響，有樣學樣模仿父母處理情緒的方式，這時候就需要父母花更多的時間精力，來糾正男孩情緒失控的問題，當然，這也是很好的育兒育己成長機會。

其次，引導男孩找到適合自己的「情緒管理方式」。

當男孩陷入「困難情緒」，如果沒人引導，他很難自己學會處理情緒的方法，所以，引導男孩找到適合自己的情緒管理方式很重要。管理情緒，可以分為覺察情緒和處理情緒。

第一章
別憂慮男孩太黏人，那是他「建構安全感」的途徑

1. 覺察情緒

　　教男孩覺察自己的情緒，是「生氣」、「難受」、「失落」、「快樂」、「興奮」，還是其他情緒。重點要讓男孩理解，不管有什麼情緒都是正常的，就像晴天和陰天一樣，我們都要好好與之相處。

2. 處理情緒

　　教會男孩找到適合自己的處理情緒的方式，比如，愛運動的男孩可以透過跑步或喜歡的運動方式發洩情緒；愛畫畫的男孩可以透過繪畫或寫字的方式發洩情緒；愛表達的男孩可以透過訴說的方式來發洩情緒；同樣，「自己安靜待一會」、「睡一覺」、「哭一哭」等方式也能幫我們疏導情緒。

　　國際知名男孩教育專家邁克爾·古賴安（Michael Gurian）講過這樣一個故事。一位父親專門在地下室放置了沙袋，並且告訴兒子：「這是你的地盤了，當你需要獨處的時候，可以來這裡待一會，當你需要發洩的時候，也可以來打打沙袋。」

　　更棒的是，這位父親還囑咐兒子：「雖然你可以擊打沙袋，可以一個人待著，但並不意味著你可以毫無顧忌地攻擊其他人或其他物體。」這位父親很好地引導了兒子如何處理情緒，「當你感覺情緒快要擊垮你的時候，把它們帶到這裡來，然後留在這裡，這樣當你回到人群中時，你就能夠帶著合適的情緒去面對他人，因為你的感受在這裡得到了淨化。」

人際關係大師約翰·高特曼（John Mordecai Gottman）說：「對情緒的感知能力和掌控能力，甚至比智商更重要。父母再遇到男孩發脾氣，請先放下焦慮，轉變心態，把它當作機會，趁機引導男孩習得『情緒管理』的能力。」

男孩完不成作業發脾氣怎麼辦？

爍爍做作業很慢，而且經常做到一半就開始發脾氣，要是父母批評他做錯了，他更會一邊哭一邊大喊大叫，情緒激動的時候，還會扔課本和作業簿。這種情況，父母如何用「看見情緒三法則」來引導孩子呢？

學以致用

思考：你「看見」爍爍有怎樣的情緒？
爍爍的感受是什麼？你怎麼回應？
怎樣讓爍爍找到更好的情緒處理方式？

第一章
別憂慮男孩太黏人，那是他「建構安全感」的途徑

第二章
別擔心男孩進步慢，
那是他「累積信心」的節奏

第二章
別擔心男孩進步慢，那是他「累積信心」的節奏

男孩說話晚？3 個方法
讓他從「小啞巴」成長為「小演講家」

男孩確實比女孩說話晚，但掌握方法，男孩一樣能伶牙俐齒，妙語連珠。

3 歲多的男孩還不會說話，是「貴人語遲」嗎？

我們社區有個男孩，3 歲多，不怎麼會說話，只能偶爾蹦出簡單幾個字，像「不」、「好」、「車車」，發音也不標準，叫「奶奶」聽起來像「來來」。我們社區還有個剛滿 2 歲的小姑娘，就很會說話，雖然有些字發音不清楚，但她就是個小話癆，只要一開口，就說個不停，總能把周圍的大人逗樂。這時候，小男孩的媽媽就會非常難過，也非常焦慮，她說自己也帶孩子看過醫生，但沒什麼用。大家都安慰她：「貴人語遲，孩子肯定是個有福氣的」。

我們當然理解媽媽的焦慮，但是，男孩說話晚和貴人語遲真的沒關係。

孩子的語言發展是有規律的，到了什麼年齡就發展出什麼樣的語言能力。《美國兒科學會育兒百科》書中有明確的標準。

男孩說話晚？３個方法讓他從「小啞巴」成長爲「小演講家」

兒童語言發展規律標準

各年齡層	兒童語言發展規律標準
8 ～ 12 個月	1. 對簡單的語言命令有反應 2. 對「不」有反應 3. 能用簡單的動作，比如搖頭來表示「不」 4. 說「爸爸」和「媽媽」有音調變化 5. 運用感嘆語，比如「喔」 6. 試著模仿詞語
2 歲以下	1. 你說名字，他會用手指出相應的物體或圖片 2. 會說熟悉的人、物體和身體部分的名稱 3. 可以說一些單個的字詞（15 ～ 18 個月） 4. 會使用簡單的片語（18 個月～ 2 歲） 5. 會說 2 ～ 4 個詞的句子 6. 聽懂簡單的命令 7. 重復對話中聽到的詞
2 歲	1. 理解包含 2 ～ 3 個要求的指令，比如「回房間去，把小狗玩偶拿來」 2. 幾乎認識並且可以辨識出所有常見物體和圖片 3. 能理解大部分語句 4. 能用 4 ～ 5 個詞語組句 5. 能說出自己的名字，年齡和性別 6. 不熟悉的人也能聽懂他說的大部分話
3 歲	1. 理解「一樣」和「不一樣」的概念 2. 掌握一些基本的語法規則 3. 能講出最長 5 ～ 6 個詞的句子 4. 語言表達比較清楚，陌生人也可以聽懂 5. 會講故事

第二章
別擔心男孩進步慢，那是他「累積信心」的節奏

各年齡層	兒童語言發展規律標準
4～5歲	1. 能記住故事的部分內容 2. 會說 5 個以上片語成的句子 3. 會運用未來式（英語國家的兒童） 4. 會講更長的故事 5. 能說出自己的名字和地址

大家對照上述標準一對比，就知道自家的孩子，語言能力是高還是低，如果低太多，排除醫學上的問題，原則上，是因為以下兩點。

1. 男孩比女孩說話晚

這是有科學依據的，女孩的大腦結構中，有兩個區專門負責語言，這兩個區的面積比男孩大腦中負責語言的區大20%～30%，所以，在同齡語言標準裡，男孩確實會比女孩的語言能力低。

但是，這種天生存在的語言差異並沒有那麼大。根據研究，男孩比女孩說出第一個單字和句子的時間要晚，然而，這些差異平均只在 3 個月左右。也就是說，語言發展標準之下，女孩的口頭表達能力確實比較突出，男孩則會晚於女孩，但並不會落後很多，只是相對延遲。

2. 語言學習環境的差異

想要有輸出，必須先有輸入，孩子學說話也一樣。一般來說，如果孩子從小由多位養育人照顧，比如，爸爸媽媽、

爺爺奶奶，那麼他的口頭表達能力會比較好，因為他能接收比較多的語言渠道。而很少給孩子「說話」機會的家庭，比如養育人太過寵愛，在孩子開口前，家人就心領神會地幫孩子完成，久而久之，孩子自然就懶得開口，慢慢就「沉默寡言」了。

還有一個值得注意的問題是，很多老人喜歡和孩子說兒語，比如「吃飯飯」、「洗澡澡」，科學研究證明，如果孩子長期處於僅接觸兒語的環境，對孩子的語言發展會非常不利。

前文中 3 歲只能說幾個詞語的男孩，語言發展落後了很多，排除生理原因，也和其家庭教育有關。而前文中 2 歲就很會說話的女孩，顯而易見是符合語言發展水準的，我們大機率也能推斷出她生活在一個語言環境非常豐富的家庭。

那麼，怎樣創造豐富的語言環境，把男孩培養得能說會道呢？我們從以下三個方面來分享。

選擇男孩易接收的語言方式，豐富語言環境

為男孩提供豐富的語言環境，並不是單純的多說話，很多父母會疑惑：我們也經常說話呀，一天到晚家裡聲音沒停的，為什麼孩子還是不愛說話？其實，語言環境豐富不但要說「多」，還要說「對」。

《伯克畢生發展心理學》中提到「指向兒童的語言」，特點

第二章
別擔心男孩進步慢，那是他「累積信心」的節奏

是：句子簡短，發音清晰，音調高亢，語氣誇張，句子之間
有明顯停頓，不斷重複新單字。研究證明，這是最容易讓嬰
幼兒接收的語言學習方式，如果父母在溝通時做到這幾點，
尤其是不斷重複新單字，是能很好地幫助男孩吸收語言的。

　　比如，媽媽帶男孩去踢足球，對孩子說：「來踢球球，用
腳腳踢。」這就是非常不利於孩子學習語言的兒語表達，一
是用了兒語，二是詞彙量少。我們可以轉換成「指向兒童的
語言」，比如：「寶貝，看，足球，足球是圓的，這是個藍色
的足球，你摸一摸，足球是圓的，你推一推，足球是這樣滾
來滾去的，來，用腳踢足球，看，足球滾到那邊去了。」這
樣的「說話」，最大量地豐富了男孩的語言環境，而且同時向
男孩傳達了顏色、形狀、動作，刺激男孩的大腦發育。

　　對幼兒來說，最有效的語言啟蒙方法，就是我們把孩子
當下正在經歷的事情的整個過程，用生動形象的描繪性語
言，具體給他們講述出來。「說多說對」，是最利於男孩語言
發展的語言環境。

多為男孩讀經典繪本，最大化的擴大其詞彙量

　　很多父母會覺得難，「沒想到和兒子說個話都這麼費
力」。其實，當父母意識到「說多說對」對男孩很重要時，就
會習慣性地調整自己的日常溝通方式，並不會太難。當然，

如果父母覺得日常這樣說話很辛苦，可以透過親子閱讀的方式來擴大男孩的詞彙量。2015 年，有科學家做了實驗，找到讀繪本與語言發展相關的直接證據，結果證明，在家閱讀多的孩子，聽故事時更有可能啟用支持語義處理的特定腦區。這些腦區對口語表達至關重要。

我兒子的語言能力，一直處於同齡人前列，他的語速很快，發音標準，邏輯清晰，詞彙量也很豐富。實際上，我兒子的語言環境是相對單一的，他爸爸非常忙，他能接觸到的主要語言管道只有我。他的語言能力突出，得益於親子閱讀。

兒子 3 個多月時，我就開始給他看「黑白卡」，8 個多月時，我給他講「撕不爛的布書」，之後是講各種經典繪本。他一兩歲的時候，就養成了非常好的閱讀習慣，白天他獨處時會自己主動翻書，晚上他會主動要求我給他講一兩個小時的繪本。從單純翻書 —— 看圖片 —— 聽故事 —— 對應認故事，他就在我的「講故事」裡習得了語言能力，掌握了大量詞彙，潛移默化認識了很多字，他 7 歲時已經可以獨立閱讀《小狗錢錢》這本書了。

為什麼孩子透過閱讀繪本能掌握大量詞彙？這是因為繪本裡的語言是專門為孩子設計的，不但朗朗上口，簡潔溫暖，更符合「指向兒童的語言」特點，所以孩子吸收起來特別快。除此之外，繪本的畫面非常有藝術感，每一類繪本也都

第二章
別擔心男孩進步慢，那是他「累積信心」的節奏

有其專門的教育意義，比如性教育、生活習慣、情緒管理等等。所以，親子閱讀不但可以讓孩子更多地練習語言，還能學習藝術、獲取知識，實在是一舉多得。

當然，親子閱讀不能光講，父母要重視提問環節：書裡的主角遇到什麼好玩的事情了？一共交到幾個好朋友？小貓出現在第幾頁呀？透過提問，父母可以檢查男孩對故事的理解，訓練男孩的記憶力，針對大一點的男孩，父母還可以要求他把故事複述一遍，這其實是很好地鍛鍊邏輯思維的過程，也是更快促進男孩的語言能力發展的過程。語言發育對孩子來說，並不只是語言表達，背後反映的還有思維能力和學習能力。

當男孩掌握正確發音，習得大量詞彙，再加上有邏輯思維，自然越來越能說會道。要注意的是，語言學習的敏感期在 2 歲前，父母一定要在這個時間段為男孩創造大量而豐富的語言環境。兒科專家古蒂‧辛格博士（Guddi Singh），請世界各大名校的心理學家和 200 多個嬰幼兒，進行了一系列科學實驗，並拍成紀錄片。該紀錄片顯示，孩子在一歲半到兩歲，會經歷一個語言的爆發期，它在某種程度上，影響了孩子今後的語言能力。也是從這個時候開始，詞彙量大的孩子和詞彙量小的孩子，出現了劇烈的分化。

耐心引導男孩表達，互動是語言發展的關鍵

學習語言，環境是前提，互動是根本。科學家曾做過一個「嬰幼兒接觸電視會影響其語言發展」的實驗，據測算，電視每開 1 個小時，孩子從家人那裡接收到的單字就會減少 770 個。為什麼大量聲音輸入，反而會減少孩子接收單字的數量呢？原因就是缺少互動。

美國一項研究表示，嬰幼兒大腦在前兩年發育非常快，與此同時，它也需要外部刺激一併作出反應。在所有外部刺激中，與他人說話，也就是互動，最為重要，而電視是單向輸入的，沒有輸出，沒有互動，並且會分散大人和孩子的注意力，孩子的大腦受外部語言刺激大大減少，導致孩子的語言發育遲緩。

有些父母會疑惑，幼小的孩子連話都不會說，怎麼互動？這恰恰是語言啟蒙中最關鍵的部分，語言互動並不只是讓孩子牙牙學語，更重要的是，說話背後思想的交流、情感的傳遞，以及父母耐心地引導、等待孩子用語言表達出他的需求，這才是最重要的。

育兒專家的外孫，1 歲 4 個月就會說簡短句子，語言能力超出常規，達到了兩三歲孩子的水準。為何如此厲害？張老師解釋，除了說多說對、為孩子多讀繪本之外，她認為特別重要的一點，在於對孩子的耐心引導。她要求全家人，

第二章
別擔心男孩進步慢，那是他「累積信心」的節奏

當孩子能夠理解語言並能說一兩個單字時，就鼓勵孩子用語言來表達自己的需求，耐心等待孩子用學會的單字來回答問題，不嘲笑孩子，給孩子充裕的時間，鼓勵孩子慢慢說出來。

說多說對、多講繪本、多互動，都是非常好的實踐方法，但真執行起來，需要父母極大的耐心和愛意，這也正是父母對於孩子的意義。就算男孩說話晚，我們依舊可以教會他向世界發表演講的語言技能。

學以致用

思考：你給男孩讀繪本時是如何提問的呢？

上課坐不住，考試看不懂？
快帶男孩多玩「遊戲」，讓他德智體美勞全面進步

不要責備男孩不努力，有時候，他真不是故意的，請父母等一等他。

一年級的男生和女生，差別怎麼會那麼大？

喵喵媽媽非常鬱悶，她兒子喵喵從小有個好朋友，是一個叫天天的小姑娘，兩人同歲，都上一年級，在同一個學校不同的班級，兩個家庭對孩子教育的投入和用心都差不多，但效果「天差地別」。

天天成為老師最喜歡的學生，一進校就當了小班長，作業不但做得對，字也寫得特別漂亮，而且特別聽話，說好了回家先寫作業再出去玩，她就乖乖地遵守，每天都是把作業寫好、書包收拾好再出去玩，父母基本不用操心。

喵喵就「厲害」了，知道的人是知道他去上學，不知道的人簡直以為他去挖礦。每天回家都是一身髒兮兮的，褲子經常磨出好幾個洞，問他在學校做了什麼，他一問三不知。老師回饋，喵喵的課堂紀律實在太差，老師在上面上課他在下面講話，不是走神就是切橡皮擦。總之，喵喵是讓老師和父

第二章
別擔心男孩進步慢，那是他「累積信心」的節奏

母都非常頭痛的熊孩子。

做作業這件事，就更麻煩了，喵喵的課堂練習經常寫不完，家庭作業更是經常做到半夜。為了讓自己心裡好受點，喵喵媽媽已經把標準放到了最低——可以不會寫，但態度必須端正。她認為，兒子主要是太調皮，沒辦法端正學習態度，聰明還是聰明的，就是坐不住。寫錯的原因，要麼是沒看見，要不然就是字寫得歪七扭八，讓人辨認不出。

她問我：「老師，都說男孩比女孩成熟晚，喵喵就是這種情況吧。其實，我覺得男孩調皮可以理解，就是粗心這件事，我想問問老師怎麼解決？」

這裡涉及兩個問題，我們先回答「男孩是不是比女孩晚熟」？從大腦發育的角度來說，是的。

1. 男孩的注意力天生比女孩弱

孩子注意力差主要和大腦發育有關，大腦中負責注意力的是額葉區，它管的事情非常多，包括執行控制和衝動抑制。但男孩的這一大腦區域發展得比較遲緩，有些要到 20 歲以後才能完全發育成熟，所以很多談戀愛的女孩抱怨自己的男友不成熟，也是有科學依據的。

男孩和女孩相比，專注力會更弱，科學研究，從嬰兒期開始，男孩關注物體的時間就比女孩短一些。比如，女嬰兒很喜歡注視媽媽的臉，會牙牙學語積極回應媽媽的愛撫，但男嬰兒很快就會把視線從媽媽的臉上轉開，去關注其他的物

體。所以，男孩確實「天生」坐不住，容易在課堂上分心走神。但是要注意的是，「大腦發育」只是男孩分心的部分原因，如果父母能多引導，幫助男孩進行刻意訓練，很多男孩的注意力也是很不錯的。

2. 男孩的閱讀能力比女孩差

《男孩的思維方式大不同》一書中提到：男孩遇到的閱讀困難比女孩多三倍。學齡前男孩的言語發展會落後女孩大約一年時間，但男孩在數學測試中的平均成績比女孩好，而大腦是造成這些差異的關鍵。正是因為男孩和女孩大腦發育的差異，所以進入一年級時，女孩的適應能力普遍比男孩好。

男孩比女孩晚熟，知道這個前提後，我們再來看男孩粗心的問題。父母覺得孩子粗心，可能是基於以下幾個標準：字寫得太慢、太差甚至左右顛倒；做試卷漏看題；心裡知道正確答案，手寫下去的卻是錯誤選項……。

其實，「粗心」只是男孩的表面問題，追其根源，是以下問題：注意力差，專注力不行，導致坐不住，課堂紀律差，容易分心；閱讀力差，所以經常漏讀、漏題，看不懂題目意思；專注力差的情況下，沒有掌握寫字技巧，導致寫字慢，又「龍飛鳳舞」。

當然，我們不是用大腦發育慢給男孩的「落後」找理由，而是當男孩遇到學習困難時，我們不能只看見「粗心」這一表

第二章
別擔心男孩進步慢，那是他「累積信心」的節奏

面問題，而是要找到根本原因對症下藥。如何讓男孩更快適應學習，分享給大家以下三個方法。

坐不住？多玩「專注力遊戲」提升男孩注意力

很多媽媽習慣守著男孩做作業，因為男孩容易走神，明明作業就在眼前，但他不是被檯燈吸引，就是被橡皮擦吸引，有時還會用牙齒咬文具。即便家長看著，男孩也未必能全神貫注做作業。

剛進入一年級的男孩，父母可以提供幫助，提前告訴男孩：「爸爸媽媽也有工作，如果你有需要的話，可以提前和我們說，我們安排時間幫助你」。父母可以在孩子旁邊一起看書學習，有需要的時候適當提醒「走神」的男孩，但原則上不建議全程守著男孩做作業。我們更建議，把「看著男孩」的時間用來和男孩一起玩專注力類的遊戲。

雖然男孩因為大腦前額葉發育緩慢，注意力偏弱，但實驗證明，如果想要男孩在某件事情上集中注意力，一個很有效的辦法是把活動目標與運動的物體結合起來，讓男孩在「移動和跳躍」中集中注意力。帶著這個原則，我們會發現，這就是專注力遊戲的設定標準。

上課坐不住，考試看不懂？快帶男孩多玩「遊戲」，讓他德智體美勞全面進步

1. 舒爾特方格遊戲

「舒爾特方格」是提升注意力的有效方法，玩起來也非常簡單。舒爾特方格是由一個個小方格組成的大正方形，方格數量有 9 格、16 格、25 格之分，格子內可以任意排列連續的數字。大家可以購買道具，也可以自己在紙上畫。

舒爾特方格遊戲

11	18	24	12	5
23	4	8	22	16
17	6	13	3	9
10	15	25	7	1
21	2	19	14	20

遊戲時，讓男孩用手指按數字順序依次指出位置，並大聲朗讀，父母在一邊記錄時間，孩子數完數字所用的時間越短，注意力水準就越高。注意力差的男孩，可以從最簡單的 9 格開始，等男孩逐漸有了成就感，再慢慢增加到 16 格、25 格甚至 36 格、49 格等更多格子。注意，父母一定要和男孩一起玩，讓男孩在快樂遊戲、競爭比賽的勝負欲裡潛移默化鍛鍊注意力。

2. 數字消消樂遊戲

像下圖一樣，把很多數字亂碼組合，比如，給出一段數字讓孩子圈出數字「2」，用時越快，注意力就越高。而且這

071

第二章
別擔心男孩進步慢，那是他「累積信心」的節奏

個遊戲可以重複玩，消完「2」以後，我們可以繼續消「3」，這個遊戲可以非常好地解決男孩看試卷「漏題」、讀課文「漏字」的問題。

數字消消樂遊戲

1	3	8	8	7	6	5	6	6	3	8	5	9	2	7	1	6	9	0	4	8	7	3
6	2	8	5	9	2	0	8	5	2	8	1	2	3	4	3	2	3	6	8	6	7	9
0	1	2	0	0	0	5	6	7	8	2	3	9	8	0	1	3	2	2	5	6	7	7
8	9	9	0	0	8	7	6	9	8	8	6	6	6	5	5	3	4	2	1	2	1	2
1	2	0	9	8	6	2	9	7	5	5	1	5	2	6	4	9	1	2	0	7	6	2
3	1	4	0	8	9	2	3	9	0	6	2	0	7	5	2	8	0	7	1	2		

當然，除了數字，也可以玩「字母消消樂」、「圖形消消樂」，父母還可以和男孩一起比賽，一人一張亂碼，看誰消得又快又好。

3. 連線成圖形遊戲

按照數字邏輯，完成連線，連線後會出現特定的圖形。細心的父母會知道，一年級的數學作業經常有這類題目，這是很好的訓練孩子專注力的遊戲。

4. 複述句子遊戲

這個遊戲非常簡單，父母讀出一個句子，讓男孩跟著複述一遍即可，可以從短到長，從易到難，內容選擇也很多，可以複述課文或手機號碼，非常隨意。「複述」並不是件容

易的事，需要男孩集中注意力聽，再集中注意力說，非常考驗注意力。這個遊戲也可以互換角色玩，讓男孩讀句子，父母複述，並讓男孩檢查是否複述正確。

和「守著做作業」，對男孩耳提面命「不要走神」相比，父母和男孩玩遊戲，顯然操作難度更低，能極好地緩解緊張的親子關係。一般來說，堅持十天，父母就可以在「男孩作業」上看到男孩的進步。另外，除了玩遊戲，父母在購買玩具時，也可以參考遊戲標準，為男孩購買鍛鍊注意力的玩具，比如走迷宮、拼圖等玩具。

看不懂？
多玩「識字理解遊戲」，提升男孩閱讀力

男孩閱讀力差，主要原因有兩個，一是識字量不多，二是理解力不強，字都認識，但組合在一起就不理解意思。出現這類問題的男孩，父母需要多上心和男孩玩「識字理解」遊戲，否則等三年級增加「閱讀理解」和「小作文」之後，男孩的壓力會更大。

1. 小貓釣魚遊戲

很多孩子都有「釣魚」玩具，一個魚鉤，上面有磁鐵，可以吸起很多不同的魚，這個玩具可以很好地鍛鍊孩子的手部力量和精細動作。如果父母能二次利用，在魚鉤和小魚上

第二章
別擔心男孩進步慢，那是他「累積信心」的節奏

貼上「字」，就可以很好地把「枯燥的識字」變成「有趣的遊戲」，大大增加男孩的興趣。

比如，男孩這週要記住：秋、金、校、陽、因等生字，並要有給這些生字組詞的能力，我們就可以把「秋」字貼在魚鉤上，在魚身上分別貼上天、風、雨和其他一些字，讓男孩透過釣魚的方式組詞。這樣一舉多得，既讓男孩練習了手部力量，又讓男孩認得字，並學會組詞。重點是，因為是好玩的遊戲，父母完全不需要催促，男孩可以在愉快的氛圍裡學習。

這個遊戲也可以衍生出「字詞配對」遊戲，把字製作成卡片，用打牌的方式，打出能組詞的字，比如，父母打出「陽」字，孩子打出「光」字，當這些「字」活動起來，男孩反而能集中注意力，牢牢記住。

2. 文字抽籤亂配遊戲

增大識字量之後，提高男孩的理解力也很重要。父母可以和男孩玩「文字抽籤亂配遊戲」。比如，父母寫出三句話（從易到難，從短到長）：

1. 我，去河邊，釣魚。
2. 媽媽，在廚房，做飯。
3. 爸爸，爬到樹上，摘桃子。

然後，把句子中的人物、地點、事件分開，做成抽籤

券，放在盒子中，玩文字抽籤遊戲，可能會抽到「爸爸在廚房釣魚」這樣的句子，大家自然會覺得很搞笑，為什麼搞笑？把這個道理說清楚，孩子就理解了主謂賓語，時間人物地點事件的邏輯關係。

當然，提升男孩閱讀力最有效的方式，是父母從小和男孩一起親子閱讀，從小愛閱讀的男孩，不管是識字量、理解力，都很突出，堅持閱讀的男孩，表達能力、閱讀理解能力、寫作能力都比較好。

寫不好？
多鍛鍊手部精細動作，讓男孩寫字好又快

再來說一下寫字的問題，如果男孩寫字經常出現上下不平衡、部首張冠李戴等問題，很有可能是男孩的空間智慧未發育完善，這個問題我們在第三章第四節中做解釋。

這一章節，我們主要解決男孩握筆姿勢錯誤、寫字慢、寫字潦草等問題。可能很多父母會認為，這是男孩不認真的緣故，當然也有這個因素，但更大的可能是「精細動作」出現問題，男孩手部力量不達標所導致。

動作分為粗大動作和精細動作，粗大動作指跑、跳、爬等；精細動作主要是指手的動作，如果精細動作不達標，男孩就可能出現：

第二章
別擔心男孩進步慢，那是他「累積信心」的節奏

1. 握筆姿勢錯誤；
2. 寫字容易疲倦；
3. 書寫慢且費力；
4. 書寫非常潦草。

判斷男孩的精細動作是否達標，有一個非常簡單的方法 —— 讓男孩使用剪刀，如果男孩能輕鬆使用剪刀，那麼這個孩子寫字肯定差不了。同理，字寫不好的孩子，你讓他用剪刀，他會用得非常彆扭，這就是精細動作的問題。

下面我分享一些讓男孩全面發展的活動。

1. 多做和手部有關的家事。比如：擰毛巾，繫鞋帶，澆花。
2. 多玩和手部有關的遊戲。比如：搭積木，玩黏土。
3. 多讓男孩獨立。比如：自己收拾書包，扣鈕扣，用筷子、湯匙吃飯。
4. 多帶男孩去大自然爬樹，玩泥巴。

這些都是很好的鍛鍊手部精細動作的方式。

父母需要注意的是，這些活動並不能讓男孩一蹴而就，男孩更需要父母細水長流的陪伴。所謂知己知彼，百戰百勝，以前我們或許會因為男孩的不開竅而揪心他是不是笨，但現在我們知道，一定程度上，我們錯怪了男孩，大腦發育使然，男孩會走得比較慢一些。那麼，我們就耐心地等一等，等男孩開竅，陪男孩玩耍，讓男孩在遊戲裡智慧成長。

上課坐不住，考試看不懂？快帶男孩多玩「遊戲」，讓他德智體美勞全面進步

學以致用

思考：你家男孩為什麼會粗心？

第二章
別擔心男孩進步慢，那是他「累積信心」的節奏

沒心沒肺不懂事？
3 個技巧擁抱男孩，讓他成為暖心小紳士

「學豬叫的男孩，怕是個傻子吧？」

　　一位單親媽媽向我求助，說她家 6 歲的兒子豆豆太沒心沒肺，她很擔心孩子是不是生性涼薄。原來，這位媽媽有一次做飯，切菜的時候不小心切到手，鮮血直流，豆豆看見也就驚呼一聲：「呀，媽媽你流血了。」

　　雖然他幫助媽媽拿了 OK 繃，但全程太淡定了，一點都沒有著急心疼的樣子，並且貼完 OK 繃後，這孩子就完全忘記這件事了，再也沒有問過媽媽還痛不痛，好點了嗎。

　　我問：「那你希望孩子怎麼做呢？」

　　豆豆媽媽說：「我同事的女兒是貼心小棉襖，我同事平時有點不高興，她女兒馬上就過去擁抱，要是媽媽受傷，那眼淚都嘩啦掉。有一回，我老闆的兒子過生日，邀請我們一起去，小女孩別提多懂事，主動送禮物，還唱了首歌祝人家生日快樂，我家這個倒好，讓他送禮物不送，叫他說點祝福語，就更過分了，直接當著大家的面學起了豬叫，各種搞怪，我尷尬得恨不得找個地縫鑽進去。」聽完這段話，我理

078

解這位媽媽的擔心，但也替豆豆委屈，他不過是個 6 歲的男孩，即便在情感認知方面不是那麼濃烈，確實也不能說「涼薄」。

排除性格和成長環境的因素，男孩和女孩相比，確實情感比較大條，一副看起來沒心沒肺、心智沒開的樣子。事實上，這就是男孩處理感情的方式。劍橋大學自閉症研究中心主任西蒙‧拜倫‧科恩（Simon Baron-Cohen），總結了大腦在兩性之間的區別：一般男性更側重於邏輯推理，而女性更擅長情感交流。

邏輯和情感之間，最大的區別就在於共情能力。我們會發現，即便是學齡前的小女孩也非常懂得共情，如果我們同時給男孩和女孩一個布娃娃，女孩天生就會抱著布娃娃，照顧它，和它說話；男孩可能會揪著布娃娃的頭撞桌子，扔上又扔下……。

女孩更有可能感受到周圍的人流露出來的情感。相比之下，男孩關注的重點不在情緒共情上，而可能會是：馬路上哪輛車跑得快？超人力霸王的身體可以拆開麼？這個食物是什麼味道？摸起來好像不錯，我可以放到嘴裡嘗一嘗嗎？……。所以，當女孩抱著媽媽一起哭的時候，男孩想的往往是：媽媽哭了。僅此而已，但這並不表示他沒有愛，不會心疼媽媽。

第二章
別擔心男孩進步慢，那是他「累積信心」的節奏

男孩容易被父母誤會「沒心沒肺」還有一個原因，那就是男孩處理情緒的速度比女孩慢很多。社會人類學家曾做過一項研究，研究證明，男性加工「困難情緒訊息」，也就是處理複雜情緒的時間，可能會比女性多出 7 個小時。

有些男孩被父母批評或責罵後，是「無所謂」的態度，依舊吃吃喝喝，甚至馬上就跑出去玩，父母覺得這孩子沒心沒肺，下次就加大了打罵的力度，但男孩依舊沒事人似的。事實上，這是男孩的自我防禦措施，他不知道如何應對父母的責罵，表面只能裝作沒事，但內心受到的傷害非常大。其實，這是因為男孩無法像女孩一樣快速精準地處理自己的情緒。

女孩會透過傾訴和哭泣等方式宣洩情感，將悲傷排出體外；男孩比較內斂，往往會把悲傷累積在內心，一旦無法宣洩，累積得越來越多，就容易產生憂鬱等情緒。值得慶幸的是，育兒專家邁克爾・古賴安（Michael Gurian）表示：透過恰當的訓練，男孩可以變得更加敏感，更善於理解和體會他人的感受，即便在大部分時候，他還是更傾向於用男孩特有的方式來處理和表達感情。

給大家分享三種方法，把我們的兒子培養成暖心小紳士。

聆聽男孩的「廢話」，讓他感受共情

要做到傾聽男孩的話並不是一件容易的事。很多媽媽會發現，自己和女孩溝通的時候，對話是有來有回，可以雙向奔赴的，女孩不但會接話，還能回饋相應的情緒。但媽媽和男孩溝通就不一樣了，很多時候，你說 A，他說 B，你試圖拉回來繼續說 A，他已經跑到 C 去了，經常會讓媽媽冒火：「閉嘴，聽我說。」

事實上，當我們俯身聆聽男孩的「廢話」，男孩也會在這樣的回應裡學會尊重和回饋。我曾接觸過這樣一個育兒案例，有個小男孩，課堂紀律特別差，尤其愛說話，老師在上面講課，他在下面聊天的聲音竟蓋過了老師的聲音，為此，班導經常找媽媽談話，媽媽也著急得不得了，但不管她怎麼威逼利誘，男孩總是改不了。

後來，媽媽是怎麼幫男孩糾正的呢？ —— 傾聽。透過傾聽，媽媽才意識到，雖然兒子愛說話，但說的都不是心理話。比如，他會滔滔不絕說一個遊戲怎麼玩，他會把超人力霸王的整個家族全部介紹一遍，而且，整個過程，他一直單方面地自說自話，他不懂得傾聽也不懂得給對方回饋，他說出去的話就像發射出去的空包彈，因為沒有回應，顯得特別無力。但也是在這樣的「廢話」裡，媽媽發現，她是可以抽絲剝繭去挖掘男孩的「內心世界」的，原來男孩所遇到的世界和

第二章
別擔心男孩進步慢，那是他「累積信心」的節奏

媽媽看到的「男孩調皮不聽話」完全不一樣，男孩的「自言自語」其實是在無意識地表達一種需求：我想被關注。

如何傾聽男孩？最簡單的方式是：看著他 —— 微笑 —— 點頭 —— 回應。

媽媽：「一會回家我們先做作業。」

兒子打斷：「我今天撿到一張超人力霸王卡，竟然是捷德。」

媽媽傾聽：「嗯？」

兒子：「我同學佳佳說要送我一張超人力霸王的卡片。」

媽媽：「喔。」

兒子：「佳佳上體育課的時候推了我一下。」

媽媽：「呀，發生了什麼？」

兒子：「我們後來和好了。媽媽，我回家做完作業可以出去玩嗎？」

媽媽：「當然。」

神奇的事情發生了，男孩從一開始的自顧自說話，到後來可以和媽媽就一個話題進行有回應的溝通交流，再後來，他的課堂紀律也好了很多。重要的是，在這個過程中，他學會了等待和傾聽，還知道有互動地表達，而這也是共情很重要的一步。

用「八秒擁抱法」，教男孩學會感受愛

哈佛大學就「孩子依附」做過研究，證明與父母關係親密、在安全穩定的依附關係中成長的孩子，更可能擁有積極的自我認知、良好的人際關係和崇高的道德，且更富有好奇心和自信心。回饋到男孩身上就是，情感的連結和依附對男孩的神經系統建構影響很大，能夠增加或削弱他在情緒、社交、智力上的健康發展。

所以，教男孩學會「感受愛」特別重要，我們在做家庭教育的時候，會指導父母一個很好用的工具「傳達愛，表達愛」——八秒擁抱法。之所以是「八秒鐘」，是因為這個擁抱的時間必須一次持續八秒鐘或以上。

操作步驟如下：

1. 父母緊緊擁抱男孩，必須持續八秒鐘或八秒鐘以上；
2. 雙方以「靠近心臟」的方式擁抱，最好能感受到對方的心跳，要用左手上，右手下，頭靠右的姿勢，這樣的姿勢主要是為了讓兩顆心靠得更近；
3. 擁抱結束後，父母一定要記得表達愛，在男孩耳邊輕輕說：「爸爸媽媽愛你，你是爸爸媽媽的寶貝。」
4. 當男孩習慣被擁抱後，可以嘗試讓男孩主導，擁抱父母，表達、傳遞愛。

第二章
別擔心男孩進步慢，那是他「累積信心」的節奏

需要注意的是：

1. 建議父母在早起剛醒或晚上入睡前，給予男孩擁抱，形成家庭獨有的儀式感，男孩情緒波動的時候更可以使用此方法；

2. 擁抱必須八秒鐘或以上，具體以男孩感受為主；

3. 切記擁抱後不要給男孩講大道理，只單純表達愛。

當我們把「八秒鐘擁抱」當成家庭成員表達愛的儀式，讓男孩從「不適應」到「習以為常」，男孩也就在愛的感受裡，慢慢懂得，愛需要表達 —— 愛是有方式可以表達的。對方情緒波動時，我可以表達愛；某種特殊時刻，我可以表達愛；可以是任何理由：今天天氣很好、春暖花開、你的笑很甜，這樣平常又溫馨的時刻，都可以表達愛。當男孩心裡被愛填滿，他就會自然地表達愛。

「心」賞「心」語，教會男孩表達愛

無法共情的典型特點是 —— 視而不見，但很多情感的連結，恰恰就在「看見即療癒」。接下來給大家分享一個表揚男孩的好方法 ——「心」賞「心」語。這個方法是親子育兒書的主編，在調研了諸多家庭教育的現狀之後，從操作性和必要性的角度專門研發設計的。

「心」賞「心」語是透過讚揚來鼓勵男孩進步的一種方

式，這個方法和一般的表揚相比，有其獨特的地方：

1. 可以用在男孩做對事的時候，更可以用在男孩事情沒做好的時候，用欣賞的態度，在男孩的不足裡看到細節亮點，表達的是父母對男孩的完全接納和正面引導；
2. 要求表揚看得見的具體行為，而不是「你真棒」這樣的空泛語言；
3. 要求表揚也需要「互動」，讓雙方能感受到情緒流動。

當父母使用「心」賞「心」語時，一定要注意是發自內心地認可男孩，並能將表揚落到細節實處，同時注意表達自己的情緒。為什麼說這個方法特別適合用來表揚男孩？是因為這三個要點的核心都指向男孩最容易忽略的一個點：看見。男孩天生在處理困難情緒上比較費力，在共情上比較遲鈍，那麼我們透過表揚先「看見」男孩，「心」賞男孩，讓男孩在「被看見」裡感受到情緒的被理解。反過來，再讓男孩在「被看見」裡習得「看見」別人的能力。具體操作起來即：陳述事件＋肯定行為＋表達感受。下面我們舉例說明。

男孩放學回家，把鞋子隨便一脫，左邊一隻右邊一隻，特別沒有規矩，很多媽媽的第一反應是：「和你說了多少遍了，脫鞋的時候一定要擺放好。」如果男孩擺放好了鞋子，很多媽媽的表揚往往是空泛的一句「你真棒」，這類表揚是很難激發男孩的成就感的。

第二章
別擔心男孩進步慢，那是他「累積信心」的節奏

　　另外一種常見的表揚是藉著表揚講道理：「你今天把鞋擺放得很整齊，你真棒，一定要堅持下去（提要求），就會成為好習慣，媽媽相信你一定可以養成好習慣。」很明顯，凡事一旦開始講道理，就會被男孩理解為「說教」，還可能會起反作用。

　　我們用「心」賞「心」語試一試。

　　「寶貝，你今天脫鞋的時候很注意，擺放得比以前整齊（陳述事件），這是很好的習慣，真好（肯定行為）！媽媽覺得好開心呀（表達感受）。」

　　需要注意的是，雖然父母很愛孩子，但面對調皮搗蛋的男孩，確實有很多父母不容易做到發自內心的欣賞，尤其要在男孩的「不足」裡挖掘「細節亮點」，真的不容易！但是，誰都愛聽表揚，「心」賞用得好，男孩一定「聽話」。更重要的是，男孩就是在父母的看見和欣賞裡建構出強大自信心的。所以，表揚男孩，父母需要刻意練習，一般建議父母用 1 ～ 30 天的時間進行刻意練習，逼迫自己養成發現男孩優勢的好習慣；31 ～ 60 天的時候重複鞏固，逐步養成越來越容易發現男孩優勢的好習慣；61 天以後將「心」賞「心」語內化，習慣成自然發自內心地欣賞男孩。從小被愛與欣賞包圍的男孩，自然更容易回饋愛與欣賞。

　　思考：如何用「心」賞「心」語鼓勵不愛寫作業的男孩？

沒心沒肺不懂事？ 3 個技巧擁抱男孩，讓他成爲暖心小紳士

專家建議男孩推遲一年上學

比要不要推遲一年上學更重要的是，父母要了解自家男孩處於什麼認知程度

8 月出生的男娃，要不要晚一年上學？

小狐狸的媽媽最近很焦慮，她兒子小狐狸就讀的是公立幼稚園，沒有教注音也沒有教數學，眼看著孩子馬上就要上一年級，幼升小這個問題她實在不知道怎麼辦。有「過來人」告訴她：「暑假一定要讓孩子提前認字學注音，不然追不上很辛苦的。」但也有「過來人」說：「我覺得沒必要，我兒子就適應得很好，一年級學的內容簡單。」

每年七八月，就會有很多家長開始焦慮：「幼升小了怎麼辦？」、「我兒子是八月份出生的，要不要晚一年上幼稚園？」

「晚一年上幼稚園，是給男孩最好的禮物」，這是一位知名女星在節目裡說的話，她 4 歲的兒子還沒有去上幼稚園，爸爸解釋：「媽媽看了一本書，覺得男孩還是晚上一年好。」

事實上，確實有專家提議讓男孩晚一年上學。有位史丹佛大學教育研究院教授認為：我們發現男孩推遲 1 年上學，在其 11 歲時，他們中 73％的孩子注意力不集中和多動行為都在減少；同時在這個年齡層，普通孩子會有的「反常」以及

第二章
別擔心男孩進步慢，那是他「累積信心」的節奏

多動行為也幾乎完全消失。

專家之所以會這樣建議，是因為從生理層面來說，男孩確實比女孩晚熟。麻薩諸塞大學阿默斯特分校的學者南希・福格（Nancy Forger）釋出報告稱：男女大腦之間至少存在 100 種差異。因為這些差異，男孩會在以下方面比女孩「吃力」。

首先，男孩的血液中含有更多的多巴胺，再加上睪丸激素，會讓男孩天生喜歡冒險，以及行為更具有攻擊性。所以男孩天性就愛跑愛動，在課堂上很難安靜地遵守課堂紀律（這也是老師最介意的），容易分心，不服管教。

其次，男孩的大腦額葉比女孩的發育晚，作為大腦主要的語言中樞，發育晚致使男孩在語言表達上「晚開口」，同時在情感認知上會「慢半拍」；另外，男孩大腦額葉具備的神經連線非常少，和女孩相比更是「少得可憐」，這種情況下，會導致男孩感知聲音的能力差，所以男孩經常出現聽不見、聽不懂、不善表達的情況，會讓老師覺得男孩不認真聽課。

除此之外，男孩大腦皮層的發育速度比女孩慢，所以發展出來的神經纖維束普遍比女孩少，藉助更加粗壯的神經纖維束，女孩大腦得以在左右半球之間進行更多資訊交流，能讓女孩具備比較好的閱讀力和同時處理多項問題的能力。相比之下，男孩的閱讀力和同時處理多重任務的能力會比女孩弱很多。

當然，男孩也有生理優勢。男孩的大腦至少比女孩的大

沒心沒肺不懂事？3個技巧擁抱男孩，讓他成為暖心小紳士

腦大 10%，且右半球的神經連線極為豐富，這種大腦結構上的差異，會讓男孩對空間關係和空間活動更加關注，所以男孩在邏輯統整、空間架構上會比女孩更有優勢。總體來說，男孩的大腦更依賴空間的、操作性的刺激，所以更容易受圖示、圖片和移動物體的啟發（玩中學，動中學）。

總結一下，從行為上來看，男孩喜歡在「動」中吸收知識，不如女孩能靜得下心，男孩更容易違反課堂紀律；從學習力上來說，男孩的大腦較女孩相比，先天沒有那麼擅長讀書、寫作和複雜的遣詞造句；從情感上來說，男孩說話晚，情感認知慢半拍。換句話說，當男孩的成績不好、行為不妥、被老師批評時，他還沒能力為自己辯解。

這樣看來，似乎男孩確實晚一年上學更合適，但認同這個觀點前，父母需要先思考兩個問題：

1. 受發育程度、家庭教育背景的影響，標準之下，男孩是會存在個體差異的。就像有些男孩不上銜接國小的先修課程，但一年級的課程也適應得很好；有些男孩或許注音背得很熟悉，但還是適應不了一年級的功課。這並不是表面的知識掌握問題，而是男孩的大腦發育快慢問題。

2. 很多父母往往在孩子快入學時才考慮是否讓孩子晚一年入學這個問題，事實上，如果這個問題已經迫在眉睫，

第二章
別擔心男孩進步慢，那是他「累積信心」的節奏

　　最簡單的方式就是父母帶男孩去醫院進行檢測，看男孩的各項發展是否達標。如果與標準差太多，比如，上幼稚園前，孩子的分離焦慮還很嚴重，語言表達能力還很欠缺，就建議晚一年上幼稚園；同理，如果上小學前，男孩的精細動作有很大的問題，情緒控制能力很差，也建議晚一年上小學。

　　男孩是否要晚一年入學，應該是一個「提前籌劃」的問題，父母應該提前從以下兩個方面進行準備。

行動上，以「按時上學」為目標去培養男孩

　　如果男孩 3 歲上幼稚園，6 歲上一年級，那麼父母就需要以終為始，提前思考孩子上學需要掌握的基本技能，以此反推出計畫，提前給男孩安排合適的教育。

　　注意，這個教育並不是指父母要教會男孩認識多少個字，教男孩背會注音字母、做加減法，這些知識可以隨時學習。決定知識吸收快慢的前提，是孩子是否具備學習的技能，這也是父母需要提前給男孩的早教 —— 促進男孩大腦發育，具備語言表達能力、情緒控制能力、閱讀理解力等學習的基礎技能。

　　比如，小學生寫字又快又好，精細動作需要過關，家長可以在孩子幼稚園期間為其多安排摺紙、捏黏土、使用剪刀

090

沒心沒肺不懂事？３個技巧擁抱男孩，讓他成為暖心小紳士

等促進精細動作發展的遊戲。

幼稚園需要自己的事情自己做，男孩需要獨立，家長可以在男孩２歲時，鍛鍊其使用湯匙或自主如廁，多陪孩子玩捉迷藏等緩解分離焦慮的遊戲。

值得注意的是，父母在為男孩安排早教的時候，要設計適合男孩的學習方式。這一點，我的朋友快快媽媽就做得非常好。快快媽媽自己很喜歡讀書，所以很早就開始給兒子快快講繪本。她時間安排得非常好，每天晚上安排半個小時的親子共讀時間，她把快快抱在懷裡，一起享受閱讀繪本的美好。

夢想是美好的，現實是殘酷的。２歲多的快快根本「坐不住」，這邊媽媽在給他講故事，那邊他在媽媽懷裡蠢蠢欲動，時不時從媽媽的懷裡偷溜出去，一會摸摸這個玩具，一會翻個跟頭，根本沒辦法安靜地聽完一本書。

快快媽媽非常生氣，想了很多辦法讓快快安靜下來都沒有用。後來，她了解到，受大腦發育的影響，男孩並不習慣安靜地在單調的語言中吸收知識，最適合他們的方式就是在活動中掌握知識，於是，快快媽媽就打消了「把他安靜抱在懷裡聽繪本」的念頭，允許他在媽媽讀繪本的時候自由活動。

我們普遍認為，孩子一定要安安靜靜坐著看書才能吸收知識，但事實證明，快快一邊在沙發上爬上爬下，一邊聽媽

第二章
別擔心男孩進步慢，那是他「累積信心」的節奏

媽讀繪本，也把繪本知識吸收得很好。

「以終為始」提前為男孩規劃，針對生理特性為男孩尋找適合的學習方式，針對性地陪男孩玩促進相關技能的遊戲，讓男孩在玩中掌握技能，提前為上學做好準備，這才是「男孩要不要晚上學」帶給家長的思考意義。

心態上，以「包容等待」為標準去保護男孩

不同年齡段的男孩女孩在身體、大腦、心理等內在和外在的成長是不同步的。數據顯示，小學低年級女孩排名靠前是普遍現象，男孩女孩的差距一般在小學三年級左右開始拉平，不過，三年級又是很多男生開始進入青春期的年齡，是讓父母更頭痛的時期。

換句話說，男孩上學確實需要比較長的一段時間來適應，哈佛大學心理學家威廉·波拉克（William Pollack）針對男孩在學業方面的自尊做了研究，他認為：「跟女孩相比，男孩不僅自尊心更加脆弱，對學習能力的信心更加不足，還明顯更容易違反紀律。」

這就要求家有男孩的父母，要在心態上做好準備。

1. 接納男孩本來的樣子

晚上 10 點多，寂靜的夜空，突然傳來一位媽媽的怒吼：「你還敢跟我頂嘴，你憑什麼，別說高中，國中你能不能上完

都不知道。我供你吃供你喝你還敢跟我頂嘴？有本事你現在就給我滾出去。」回應她的，是一個明顯壓抑著憤怒的小男孩的怒吼聲。

寂靜的夜裡，這樣的憤怒顯得尤為刺耳。我非常心疼那位媽媽，她白天累了一天，回到家還要面對不聽話的孩子，一天都在受氣。可是，我也真的替這位媽媽難過，不管孩子做錯了什麼，這位媽媽的做法都是有害無益的，她並不是在幫孩子解決問題，只是在發洩自己的情緒。相比之下，我更心疼那位男孩，在他最需要幫助和引導的年齡，卻被最親近的媽媽這樣推出去。

我曾在網絡上看過一個很令人心疼的影片，影片中媽媽陪著男孩寫作業，媽媽起身離開時，男孩突然狠狠地打了自己幾個耳光。那個瞬間，我的心痛得揪了起來，可憐的孩子，他的壓力該有多大？他有多討厭自己，才會那麼重地搧打自己？很多時候，我們總是氣孩子不爭氣，為什麼不努力念書？為什麼不能像別人一樣優秀？為什麼總是出各式各樣的問題？我們常覺得是孩子不夠努力，但可能他真的已經用盡了全力，只是，有些事情不是光靠努力就可以，就比如，男孩的大腦發育就是比女孩慢。

為人父母，當然都希望自家男孩功課好、性格好、未來一帆風順，但我們必須承認，有些男孩或許就是沒辦法像父母希望的那樣「優秀」，小時候寫字慢、成績差，就算父母

第二章
別擔心男孩進步慢，那是他「累積信心」的節奏

接納了、等待了、包容了，長大了依舊還是成績差又遲鈍。但是男孩不優秀，我們就不愛他了嗎？難道我們是因為他們「優秀」才愛孩子嗎？

每個孩子都是天性向善的，只要我們做父母的不橫加干涉，不傷害孩子，孩子都能找到自己的成長方式，注意，是他自己的，而不是父母希望的。接納男孩本來的樣子，做好我們父母能做的，耐心等待男孩按他自己想要的方式成長。

2. 做好老師和男孩之間的溝通橋梁，為男孩緩解壓力

老師肯定也了解男孩和女孩之間的差距，但作為老師，必須維護課堂紀律，在學校，我們也確實做不到允許男孩在「動中學習」，所以，老師要求男孩必須遵守課堂紀律也是很必要的。

當然，作為父母，我們也應該用科學的方式去培養男孩的各種技能，但在這之前，我們需要做好「中間人」的角色，作為家校之間的橋梁，不能單純傳達壓力，而是應該分擔壓力，對於老師的批評和建議，我們要積極做到家校配合，支持和肯定老師的工作；對待「壓力山大」的男孩，我們應該做的是幫男孩承擔來自學校的壓力，幫助男孩釋放掉負面情緒，對男孩出現的問題加以引導並鼓勵改進。

三年級的許未然是一個特別優秀的小男生，不但學科成績好，圍棋和作文也很優秀，經常代表學校參加比賽，他還

094

沒心沒肺不懂事？3個技巧擁抱男孩，讓他成為暖心小紳士

樂於幫助同學，老師同學都很喜歡他，很多人向未然媽媽取經，問她到底是怎麼把孩子培養得這麼優秀的。

未然媽媽說她的祕訣是「陽奉陰違」。原來，一二年級時的未然也是個問題學生，那時候老師隔三岔五就來找未然媽媽，不是告狀未然上課拉扯女同學的頭髮，就是說未然考試竟然只寫了一半，總之，不是功課不好，就是課堂秩序不好。

那時候，未然媽媽壓力特別大，幾乎都要對他失去信心了，不相信這是自己養出來的孩子。後來，她突然想到，她都承受不住老師的批評，那孩子在學校肯定更委屈，從那之後，未然媽媽就非常注意教育方法。

她把所有的注意力都放在給未然查漏補缺上，陪著未然做運動，進行親子閱讀，玩促進專注力的各種遊戲，指導未然做錯題本，以及非常重要的一點，幫未然承擔老師的批評。有一回，老師特意找未然媽媽：「未然上課一直挪動凳子，課堂紀律太差了，這樣根本沒辦法專心，你作為家長一定要多用心，好好管教。」未然媽媽覺得非常委屈，也很想罵未然一頓，但最終她對未然說：「今天老師說你上課比以前有進步，說話次數比昨天少了很多，就是，是不是小屁股癢挪凳子了？」

未然聽到第一句話還不敢信，一直問：「真的嗎？老師真的表揚我了嗎？」這話聽得未然媽媽心酸，孩子都不相信老

第二章
別擔心男孩進步慢，那是他「累積信心」的節奏

師會表揚自己，可見孩子在學校受了多少批評。她很肯定地表揚：「是啊，媽媽也覺得你今天進步很大，媽媽稍微提醒，你就能坐得很端正。」被媽媽接納的未然有點害羞：「媽媽，今天我挪凳子是因為我後面的同學一直在戳我的背，我才挪來挪去的，但我發現我坐筆直他就碰不到我，媽媽，我以後不挪凳子了。」

原來這才是未然挪凳子的真正原因。未然媽媽非常震驚，她很慶幸自己沒有因為老師的批評而盲目地譴責孩子，才知道了事情的真相，獲得了未然的信任，並保護了未然的自信心。後來，未然媽媽在家裡給予未然更多的「心」賞「心」語，她只要發現未然一點點進步就努力強化，就這樣，未然的自信慢慢建立起來了，真的一天比一天更好，也就有了三年級優秀的未然。

每個優秀男孩的背後，都藏著一對默默承擔和努力的父母，這當然很難，但更突顯我們對男孩的愛。尊重男孩緩慢成長的事實，從行動和心態上表達對男孩的支持，這也是我們作為父母，可以送給男孩最好的禮物！

學以致用

思考：老師經常批評男孩上課講話，作為家長該怎麼辦？

第三章
別發愁男孩太鬧心，
那是他「和世界聯結」的方式

第三章
別發愁男孩太鬧心，那是他「和世界聯結」的方式

掌握說話小技巧，
讓男孩豎起耳朵聽、開啟心扉說

男孩未必一定會聽話，但一定願意溝通，並能敞開心扉和父母說心理話。

「我兒子簡直是個『聾子』」

一位爸爸抱怨：「如果不是知道我兒子耳朵沒問題，我幾乎都要以為他是個『聾子』。平時他媽要是和我悄聲說點什麼事，不該他聽的，他那耳朵聽得一清二楚，但是該他聽的，他那兩個耳朵，就是個擺設，從來都不聽話，每次叫他吃飯，叫十幾次都沒點動靜；叫他做作業，眼皮都不會抬一下，每次都得我衝到他面前，揪住他的耳朵問『你聽到沒有』，他才哼哼唧唧說聽到了，但他聽到了也是照樣拖拖拉拉。而且，很奇怪的是，他在外面非常喜歡和人說話，別人都說他說話說個不停，但偏偏在家裡就不出聲了，我問他在學校發生什麼事，今天心情怎麼樣，怎麼問他都不回答。這麼小就把事憋在心裡，我真是擔心。」

「我隔壁鄰居那個小姑娘，和我兒子同歲，嘴巴非常甜，遠遠看見我，就和我打招呼。聽小姑娘爸爸說，孩子真是一點都不用操心，父母從來都不用主動問，她自己把在學校都

學了什麼、遇到什麼好玩的事、需要什麼幫助說得明明白白的，哎，兒子和女兒就是不一樣，女兒就是貼心小棉襖。」

人類的大腦由左右兩個半球組成，各司其職，左腦主管語言邏輯思維，包括算數、倫理、分析、理論和解析；右腦則主管形象思維，包括視覺、繪畫、幾何、綜合、影像、直觀感覺等。科學研究發現，男孩的大腦右邊皮質較厚，而女孩的大腦左邊皮質較厚。因此，男孩通常在數學方面要比女孩好，而女孩通常在語言方面要比男孩好。

《男孩的思維方式大不同》一書中指出：男孩會比女孩更加頻繁地忽略聲音，哪怕這些聲音來自父母，某些情況下，他們只是單純沒有聽見而已。因此男孩的父母反映在跟男孩講話時提高嗓門是情有可原的。

父母有時候喊破嗓子，男孩也還是聽不見，一般情況下，如果男孩「聽不見」，大機率是以下三種原因。

1. 男孩正在專心做某件事，這種情況下他確實不容易聽見別人的召喚。人類的左右腦是依靠神經纖維束相互聯繫的，男孩腦內這種纖維素的體積非常小，所以男孩的左右腦聯繫是非常少的，也就無法像女孩一樣輕鬆「一心兩用」。

2. 可能是父母的指令太復雜，男孩聽不懂。比如有些父母會一口氣說一大堆話：「你看看現在都幾點了，我和你說

第三章
別發愁男孩太鬧心，那是他「和世界聯結」的方式

了多少遍，叫你到時間一定要去洗澡，你看看現在又晚
了，你是不是要氣死我？」從父母的角度理解，這是催
促孩子趕快去洗澡，但聽到這麼一長串話語的男孩，可
能會以為父母在生氣，而忽略「去洗澡」的指令。

3. 如果以上兩種情況都排除，那有可能出現的第三種情
   況，就屬於親子關係出現問題，那就是男孩故意不想搭
   理爸爸媽媽，在心理學上，這叫自我防衛機制。如果父
   母的語言中經常傳遞出焦慮、憤怒、暴躁等情緒，導致
   孩子的內心產生懷疑、無助、痛苦等負面情緒，他的耳
   朵就會「主動關閉」，拒絕接收訊息。

案例中被爸爸抱怨的男孩，應該就存在這個問題，總結
起來就是：聽不見、不聽話、不願意和父母溝通心理話。

很多人會認為，男孩調皮叛逆，沒女孩貼心，拒絕和父
母溝通也正常，事實並非如此。美國青年發展研究所的一項
調查研究發現，大多數孩子都對父母有一定的依賴心理，即
便是進入青春期的 11 ～ 14 歲孩子，也希望與父母有更為緊
密的聯繫，喜歡與父母一起做事。

所以，當男孩出現「拒絕溝通」的現象時，父母一定要
及時反思，是不是自己的養育方式和溝通方式出了問題，如
果是則需要對症下藥，加強和男孩的聯結。那麼，父母怎麼
說，男孩才會聽？父母說什麼，男孩才願意說？下面，我們
就給大家分享幾個溝通小技巧。

3個落地方法，讓男孩豎起耳朵聽

很多父母，尤其是媽媽，在和男孩溝通的時候，比較容易發洩情緒，而不是解決問題，但男孩的思維是「直線條」，如果在同一時間接收太多信息，他會下意識阻斷自己不想接收的信息，就容易出現「聽不見」的狀態。所以，父母在想好怎麼說之前，一定要記住：放下情緒，溝通問題，發出清晰的指令。

1. 設計「二選一」，讓男孩選擇

我兒子也經常不聽話，尤其是早上去上學，我們總要催促他動作快一點，他倒好，叫他快點來吃早飯，他裝模作樣窩在沙發裡看書，好不容易督促他把早飯吃完，他不是忘記背書包就是穿鞋拖拖拉拉。

經過學習後，我開始使用「二選一」的指令。每次飯點，我問他：「你是現在過來吃飯還是過 2 分鐘來吃飯？」他一般都會選擇過 2 分鐘來吃飯。當然，經過實際演練，我發現，「二選一」也不是每次都有效果，必須經常更新內容，讓男孩有新鮮感，才能獲得男孩注意，比如叫吃飯時，我有時候會說：「你用大碗還是小碗？」、「你來端菜還是擺餐具？」、「你先吃牛肉還是雞蛋？」，我注意到，不管我兒子當時手頭在做什麼，我每更換一個選擇項，他都會抬頭思考一下，再回答我，有時候還會反問我「是什麼牛肉」，再做出選擇。

第三章
別發愁男孩太鬧心，那是他「和世界聯結」的方式

兒子出門上學，我也不再用「快點，來不及了，趕緊背上書包」來催促，我換了另一種思路：「你先拿書包還是先穿鞋？」、「你今天穿運動鞋還是皮鞋？」事實證明，當男孩不被催促，在一種他認為自由輕鬆的氣氛中掌握主權，男孩的主動性就強了很多，也就越來越聽話。

2. 不說「別做什麼」，而說「做什麼」

《吸引力法則》一書中闡述了「願望實現」的祕訣：用一種積極的方式陳述你的願望，用正面語言代替負面語言，例如，將「不要摔門」改成「請輕輕關上門」。這個方法用在育兒上也有異曲同工之妙。很多時候，父母看到男孩做錯事，習慣性地會用否定句，例如「不要吵」、「別鬧」、「不許看電視」等，但我們會發現，男孩接收的信息往往是「吵」、「鬧」、「看電視」，反而更不聽話。如果我們換種表達方式，比如，當男孩吵鬧的時候，我們直接說「安靜」，男孩聽進去的機率會大得多。

有一回，我在書店看書，那家書店除了成人閱讀館，還有兒童繪本館，孩子多了，嘈雜的聲音自然就大了。一開始，有年輕的店員去提醒：「不要吵。」孩子們只是短暫地安靜了一下，很快又鬧了起來。店員有點生氣，再次過去提醒：「這裡是書店，不要吵，再吵就要請你們出去了。」可是他的威脅沒有任何作用，孩子們還是自說自話。

這時候，店長過去了，只見她走到孩子們中間，半蹲著身體，把手指放在嘴邊，做出一個「噓」的動作，簡單說了句「安靜」就離開了。神奇的是，那些孩子們安靜了下來，再有孩子發出吵鬧聲時，旁邊的大孩子也會馬上做出「噓」的動作，提醒大家要注意。

所以，當父母想說「別跑」的時候，不妨試試「我們牽手走吧」，想說「別坐地上」的時候，不妨試試「坐在小凳子上」，想說「別喝奶茶」的時候，不妨試試「喝點果汁」，把「否定」變成「肯定」的指令，男孩更容易聽進去。

3. 放下指責，只描述現象，提問「怎麼辦」

還有一種可操作的溝通技巧，非常適合用在男孩犯錯時。那就是當男孩犯了錯，父母先不要指責，直接描述發生的事情，提問「怎麼辦」即可。

場景：男孩因為調皮把牛奶灑到了沙發上。

常見溝通：生氣的父母開始指責，「你怎麼回事？和你說了多少遍，喝牛奶的時候不要跑，你看現在弄得一整個沙發亂七八糟⋯⋯。」

常見反應：有些內向的男孩會露出害怕的神色，有些頑劣的男孩會出現一臉無所謂的表情，但男孩得到的信息都很一致 ──「我被罵了」，僅此而已，男孩依舊「聽不見」父母的要求，下一次依舊會犯類似的錯。

第三章
別發愁男孩太鬧心，那是他「和世界聯結」的方式

　　如果我們換一種溝通方式，父母在努力冷靜之後，直接描述當下的現象：「沙發上全是牛奶，我們怎麼清理乾淨？」當父母只是簡單提出「怎麼辦」的時候，男孩反而能聽話，並積極提供建議：「媽媽，我去拿抹布擦乾淨。」當男孩做錯事，心裡也會緊張，尤其擔心被父母責備，如果這時候父母能把關注點放在怎麼解決問題上，得到指令的男孩，反而會更積極地表現自己解決問題的能力。重點是，吃一塹，長一智，男孩下次也會記住，不要在沙發上一邊亂動一邊吃東西了。

2 個好用技巧，讓男孩開啟心扉說

　　當然，父母學習溝通技巧，並不是為了培養一個百分之百聽話的男孩，畢竟，太聽話的男孩容易沒有自己的主見，「不聽話」才是男孩應有的常態。我們的目的也只在培養一個願意溝通心理話、懂得溝通想法的「溝通小達人」。

　　溝通的本質是希望對方懂我、理解我、支持我。學會溝通對男孩來說尤其重要，當他在學校遇到困難，他唯一能求助的只有父母，於是，他嘗試溝通，期待從父母那裡得到理解和支持，如果父母滿足了他的期待，整個溝通是順暢的，父母與子女就能培養出良好的親子關係。

　　反之，當男孩透過溝通，發出「我希望你們理解我、支持我」的訊號，但父母回饋的卻是「這有什麼大不了」，甚至

批評孩子，又或者是自顧自地給建議「我早就和你說過這樣不行，你應該……。」屢次受挫的男孩，久而久之就失去了傾訴的欲望，選擇把傷害藏在心裡，長此以往，男孩的祕密越來越多，和父母的隔閡越來越大，親子關係也就越來越僵硬。最糟糕的是，這樣，男孩在進入青春期，遇到很多成長問題的時候，會拒絕和父母溝通，不接受父母的幫助，他們容易鑽牛角尖，把小問題嚴重化，嚴重的還會做出傷害自己的事情。

我曾遇到這樣一個諮商情況，因為父母愛批評兒子，一年級的哲哲不太願意和父母說心理話，於是他的父母向我請教方法。在我的建議下，哲哲媽媽調整了自己的溝通方式，每晚睡前會和哲哲有個聊心時間，結果，她發現哲哲在學校會玩一個「主人和僕人」的遊戲，哲哲是僕人，要無條件服從主人對他的任何安排。比如，推打別的同學、搶同學的書本、交「保護費」……，哲哲媽媽非常震驚，馬上做出干預，與學校老師溝通並保護好哲哲。這件事讓哲哲父母一陣害怕，如果哲哲不和父母溝通在學校發生的事情，遇到事情也不願意求助父母，他們很難想像哲哲會在學校遭遇什麼。

那麼，父母怎樣表達對男孩的理解和支持呢？事實上，我們只需要放下指責，控制自己想給建議的心，不忽略男孩說的那些你認為無足輕重的小事，心平氣和聽他說就好。

第三章
別發愁男孩太鬧心，那是他「和世界聯結」的方式

1. 心平氣和的力量

一位媽媽看家長群，才知道美術老師布置了硬筆和美術作業，並提醒大家參加比賽，但這位媽媽一直沒聽兒子提起，於是有了以下對話。

媽媽：「兒子，你們美術課老師有沒有布置什麼作業啊？」

兒子輕描淡寫地說：「美術課？我美術課被老師請出去了。」

媽媽很震驚，忍住脾氣問：「怎麼回事啊？」

兒子：「說實話我也不知道，就是剛上課那會就把我請出去了。」

媽媽：「你有沒有在說話，或者做什麼影響課堂紀律的事？」

兒子：「我實在不知道，可能是在玩，我也不懂。不過在教室外面我看見我的好朋友在上體育課，我看他跑步，我也很開心。」

媽媽在聽到這句話時很生氣，兒子被老師懲罰了還能有好心情，這什麼熊孩子，但媽媽深吸了一口氣，什麼話都沒說。

兒子繼續說：「不過開始動手畫畫的時候，老師讓我進去了，但是我沒有畫畫。」

媽媽問：「為什麼？」

兒子：「沒帶畫紙。」

媽媽震怒，要是以前她真的會開吼：「你到底在上什麼課？」但現在，她努力心平氣和地問：「啊，那你怎麼上的這節課呢？」

兒子：「我就在那裡看書，啥也沒做。媽媽，下次我們準備個袋子，把所有美術課可能用到的東西都裝在裡面好不好，你知道我為什麼想這麼做嗎？」

媽媽問：「為什麼？」

兒子：「這樣以後就不會忘帶東西了。」

媽媽：「這個方法非常好，我給你準備個袋子，裡面的東西由你自己準備。」

兒子開心地回答：「好的。」

和案例裡男孩上課不帶畫紙，還被老師罰站一樣，一般家長都會想批評孩子，給孩子建議。但大家對比家長「批評」和「心平氣和」的區別，就會發現，心平氣和聽孩子說出心理話，讓孩子自己找到解決問題的方法，才是更有效的方法。

我曾經把這段對話讀給我兒子聽，那時候，他剛讀一年級，聽完以後他說：「這個媽媽真好，我希望你也成為這樣的媽媽。」可見，天下男孩都一樣，再調皮的娃都期待被父母溫柔以待；雖然媽媽們都很難控制住脾氣，但我們都要努力

第三章
別發愁男孩太鬧心，那是他「和世界聯結」的方式

做到心平氣和。

更懂得傾聽和溝通的父母，能替男孩說出心理話。

朋友曾說，自打他兒子嘟嘟出生到現在，他從來沒有說過一句重話，因為愛讀書的他一直很懂得怎麼溝通才能走進孩子的心裡，其中，他最推崇的一招就是 —— 共情男孩的心情，替男孩說出心理話。

有一次，嘟嘟和好朋友一起踢球，朋友也去陪玩，他踢得特別好，越踢越起勁，兩個小男孩玩不過朋友，一直被碾壓，嘟嘟不高興了，哭著說：「我再也不跟你踢足球了，你還是讓我自己玩吧。」

朋友：「爸爸在陪你玩，我們在鍛鍊嘛，有爸爸這樣強大的對手，你踢足球不是能進步嗎？」（這就是「給建議」，站在大人的角度說服孩子）

嘟嘟哭得更厲害，情緒更憤怒。

朋友很快意識到自己犯錯了，他忽略了孩子的感受。於是，他蹲下來，對嘟嘟說：「是不是因為爸爸的介入，讓你們沒法踢得很愉快？」（站在孩子的角度，理解孩子的感受，替孩子說出心理話）

嘟嘟感覺自己被理解了：「對，就是。」

朋友：「你是不是希望你們倆自己踢球？」

嘟嘟：「我們都沒踢到過球。」

被爸爸理解的嘟嘟，很快停止了哭鬧，和爸爸高高興興回家，並且提出：「爸爸，以後你再陪我玩的時候，按我們的要求來玩。」朋友答應了。

也正是因為嘟嘟的情緒一直都能被爸爸理解和支持，所以嘟嘟一直都很乖，朋友自然也不需要說重話。

朋友的這個案例，讓我們懂得，被父母理解和接納的男孩，是很願意和父母說心理話的，也可以很尊重父母的指令；而且，連朋友偶爾也會站在自己的角度去「命令」孩子，我們也不需要給自己太大的壓力一定要做「完美的父母」。當然，我們可以向朋友學習覺察力，教育的時候出錯沒關係，能及時察覺並調整就好。

學以致用

5歲男孩特別愛在浴室玩水，怎麼說都不聽，怎麼辦？

5歲的玄玄特別愛玩水，洗澡的時候能在浴室裡待兩個多小時，平時沒事也愛待在浴室裡放水玩。父母不想浪費水，而且也擔心孩子弄溼衣服著涼，因為這個事，打罵過他好幾次，每次他都哭著認錯，但好不了一段時間，他又會犯錯，繼續玩水。這種情況，父母怎麼說玄玄才會聽呢？

第三章
別發愁男孩太鬧心，那是他「和世界聯結」的方式

說一句頂一萬句，家有愛頂嘴的小話癆，怎麼辦

請保護好那個愛頂嘴的男孩，引導他長成最有力量的自己。

愛頂嘴的男孩每次寫作業，都能把父母「逼瘋」

赫赫父母每天最怕的事，就是陪兒子寫作業，這個「小祖宗」不但做作業很慢，還愛頂嘴，父母指點他一句，他能馬上回嘴十句。

先是爸爸陪寫，爸爸指出：「你認真點，你看『春』字，下面是個『日』字，你怎麼寫成『目』字了？」就這麼一句話，赫赫又頂嘴了：「寫作業還不能出現點小錯誤了？你看看你每天抽菸喝飲料，我管過你嗎？你每天管我管得那麼嚴，我怎麼能心情好？心情不好我怎麼好好寫作業？」

爸爸實在受不了：「閉嘴，馬上給我寫。」赫赫：「你看，你還不給人說話的機會，進警局的犯人還能辯護呢。」幾個回合下來，爸爸敗陣，換媽媽上場，媽媽點出赫赫做作業實在太慢了：「你這就十幾個字，寫了兩個小時吧？」赫赫還懂得諷刺，懟得更快：「十個小時。」

媽媽忍住脾氣：「十個小時你還睡覺嗎？還寫什麼作業？」媽媽剛說這一句，赫赫馬上又扯到別的事：「你做飯為什麼那麼慢，你要是快，我早就寫完了，早就看電視了，誰那麼拖拖拉拉呢？」

總之，家有愛頂嘴的小話癆，父母不是被氣笑就是被氣崩潰，每場交戰都需要花費大量的時間精力先進行一場「辯論賽」，心臟總在遭受打擊。

在一項「父母最討厭孩子的什麼行為」調查中，75%的家長選擇了「頂嘴」。只能說，家有愛頂嘴的孩子，父母實在傷不起，也因此，好多父母都希望自己能擁有一個乖巧聽話的孩子。問題是，如果父母不允許孩子頂嘴，就很容易導致孩子出現叛逆、拒絕溝通等狀況，甚至會給孩子造成不可逆的心理傷害。

卡夫卡（Franz Kafka）是奧地利著名的作家，他很有才華，但性格古怪，有很多心理問題，他曾 3 次訂婚，3 次解除婚約。卡夫卡的心理疾病，肯定受很多事情的影響，但追根溯源，是因為他和爸爸的關係很不好，他的爸爸非常可怕地阻斷了他「表達自我」和「親子溝通」的途徑。

父親在卡夫卡還很小的時候，就命令他「不許頂嘴」，否則就「把他像魚一樣撕碎」。後來，卡夫卡寫了封 3.5 萬字的控訴信《致父親》，裡面寫道：「我寫作時不過是在哭訴我無法撲在你懷裡哭訴的話。」

第三章
別發愁男孩太鬧心，那是他「和世界聯結」的方式

美國維吉尼亞大學的一項研究顯示：會頂嘴的孩子，長大後更善於調解情緒，而且，同等教育條件下，會頂嘴的孩子，長大後更不容易養成喝酒、抽菸等不良習慣。很顯然，在父親的嚴苛下，卡夫卡把情緒壓在心中，身心備受摧殘，懼怕與外在產生聯結，這也間接促發了他的諸多心理問題。

可見，孩子頂嘴，父母越用權威鎮壓，孩子越容易彆扭。事實上，愛頂嘴的男孩更有優勢。教育專家曾說：「家有頂嘴的孩子有優勢，一是說明這個家庭氛圍開明，二是孩子有非常強烈的獨立思考的能力，才能頂到父母的痛處。」

曾有人做過一項實驗，將 2～5 歲的孩子分成兩組，一組孩子反抗性強，一組孩子反抗性較弱，研究人員一直追蹤觀察他們到青年期，結果發現：在兒童期有反抗傾向的人中，84％的人意志堅強，有主見，有獨立分析、判斷事物和做決定的能力；而沒有反抗傾向的人中，多達 74％的人遇事不能做決定，不能獨立承擔責任。

因為在男孩大腦中，連線左右半球的神經纖維束胼胝體比女孩要小，所以男孩在表達感受時會覺得更加困難。在這種前提下，男孩頂嘴確實是個「驚喜」。

這樣看來，頂嘴好處這麼多，父母是不是要由著男孩頂嘴？不，具體問題具體分析，凡事都要注意度。父母怎樣能不被「氣出心臟病」又引導孩子在「頂嘴」裡更好地成長呢？我們從以下三個方面來分享。

112

必須遵守規則

雖然頂嘴好處多，但孩子必須遵守規則，且沒有任何商量的餘地。

閨密曾經和我抱怨，說她差點被 6 歲的兒子「氣死」，起因就是，她兒子非要在沙發上蹦跳，她給兒子講道理：「沙發容易壞，而且製造出的噪音會影響樓下，導致樓下鄰居意見很大。」

就這麼一句話，馬上被兒子反駁：「你不是讓我多運動嗎？現在我運動你又不讓，再說是我重要還是沙發重要，沙發壞了有什麼要緊？鄰居只是你的鄰居，你不老說我是你的心肝寶貝，跳幾下沙發都不行？」

因為這件事情，母子倆辯論了一下午，把閨密氣得夠嗆。其實，涉及必須遵守規則的時候，比如危險的事、沒有禮貌的事、容易造成破壞的事，沒有必要和孩子爭辯，面對孩子的頂嘴，父母必須語氣堅定，大聲嚴厲地提要求：「沙發不是用來跳的！」要求男孩馬上停止，如果男孩繼續，嚴肅把他抱走即可。

沒有規矩不成方圓，愛頂嘴優勢再多，也必須在規則之下，這是父母必須灌輸給男孩的思想。當然，家裡的規則，可以由父母和孩子一起制定。

第三章
別發愁男孩太鬧心，那是他「和世界聯結」的方式

不涉及規則的前提下，
接納頂嘴，保持順暢親子溝通

我兒子在某些方面也是很愛頂嘴的，但很多時候，我還被懟得挺高興的，因為在我看來，他的一些頂嘴，顯得情商很高，而且很有意思。

有一回，我和我兒子在路上走，遇到他的同學，他的同學大聲叫他的名字，他好像沒聽到一樣不搭理，我趕緊替他回應：「你好啊。」

回到家後，我批評他沒禮貌：「同學跟你打招呼，你怎麼能不回應呢？這是起碼的禮貌呀。」他那時候 5 歲多，但識字量很大，其實知道「起碼」的含義，但他故意曲解：「媽媽，為什麼我要騎馬呀？」

我深吸一口氣，耐住性子講道理：「你知道我說的不是這個『騎馬』，這個『起碼』是我們至少要做到⋯⋯。」我正開動腦筋，給他旁徵博引講案例，他打斷我說：「媽，你別說了，都打擾我思考了，我正在想怎麼讓你開心呢。」

這⋯⋯我當時一口氣卡在胸口，上也上不來下也下不去，想到他沒有禮貌還意識不到自己的錯誤，我覺得挺生氣的，可被他這樣一奉承，我又挺開心的。不管怎樣，他說到這個地步，我們自然無法再上「思想政治課」。我後來思考，我可以在別的地方給他補上禮貌這一課，但在我們當時的談

話中，我是可以肯定他的反應的。世界很大，我們會遇到各式各樣的人和事，如果他能透過這樣的方式去靈活應對外界的批評，我覺得挺不錯的，作為父母，我應該尊重並且支持。

用「家庭美好時光座談」，
開發出愛頂嘴男孩的更多優勢

愛頂嘴的男孩之所以優勢多，是因為他腦子活，思維邏輯清晰，做事很有主見，態度很堅定，這些都是非常好的優勢，也是領導潛能。這種情況下，父母可以主動給愛頂嘴的男孩提供表現和鍛鍊的機會，把一些沒有意義的頂嘴引導成有思考的反駁。

特別為大家推薦「家庭美好時光座談」活動，當然這只是形式之一，大家可以根據各自家庭的情況，開展更多更好玩的活動，為男孩提供更多鍛鍊的機會。

「家庭美好時光座談」活動策劃方案

名稱	家庭美好時光座談
目的	營造平等、和諧的家庭氛圍，增強家人親密感和合作感，讓家庭成員學會合作、負責任、協調、表達、互相尊重等，透過鼓勵和達成協議來解決問題
對象	所有家庭成員
時間	每週一次，安排固定時間，每次 30 ～ 60 分鐘
環境	家裡可供安靜開會的場所
原則	接受所有人的發言，不批評，不否定，不指責

第三章
別發愁男孩太鬧心，那是他「和世界聯結」的方式

名稱	家庭美好時光座談
步驟	1. 自薦會議角色，包括主持人、記錄人、計時人，全家協商安排時間 2. 確定流程，包括但不限於每個環節設定好時間並計時
感恩	每個人向其他家庭成員說一句感謝或感恩的話
回顧	上週會議是否執行？是否有未結的討論？以及每個人做得好的地方
討論	本週選題提出全家最關心、最希望解決的問題，家庭成員透過腦力激盪的方式進行分享、討論，並列出結果和計畫清單
家庭娛樂活動	可以一起分享美食，一起唱歌，玩遊戲等
計劃週末出行	家庭全員討論並計劃，分派任務
確定下週會議角色	自薦

　　在固定的家庭美好時光裡，首先父母可以引導男孩輪流嘗試每一個會議角色，體會不同角色帶給自身的責任感；其次，透過固定的環節和時間，將男孩頂嘴的行為「固定」住，讓男孩思考如何在有限的時間裡，清晰有力地表達自己的觀點。

　　在這樣理性討論的氛圍中，男孩可以逐漸理解，沒有意義的頂嘴沒有價值，以及如何既顧全大局，又能在規則制度裡，讓問題得到最好的解決。透過這樣的刻意練習，父母可以針對性地引導男孩更好地發揮出其優勢。

　　有一檔親子綜藝節目，裡面有個叫小寶的男孩，頂嘴技術一流，他的爸爸和他溝通時，總要提醒自己不要被兒子氣

到。有一回，小寶在練小提琴，爸爸批評他拉琴的位置不對，他懟爸爸：「那你給我貼上標籤啊。」

這句話，讓爸爸氣得不行，而爸爸之所以這麼氣，是因為爸爸不會拉小提琴，只能旁觀給些意見，完全沒辦法貼標籤。爸爸認為兒子這是在自己的傷口上撒鹽。

後來，為了對付這個「主意多愛頂嘴」的男孩，父母就採用了和「家庭美好時光座談」類似的會議，大家就具體問題盡情表達觀點。

爸爸媽媽提到小寶頂嘴傷人的事，小寶解釋：「因為我覺得你們說得不對，所以我不覺得我在頂嘴。」然後，小寶舉例說明他為什麼頂嘴爸爸：「爸爸老是給別人提問題，但總忽略自己的問題，比如小提琴，爸爸不會，是教不好孩子的。」就這些事情，一家三口各抒己見，充分表達，最後彙總出大家都同意的解決方法。

對於這樣理性的討論，教育專家非常讚賞，表示這是非常好的引導男孩多表達的方式。當然，選擇什麼形式讓男孩多表達並不難，最難的，是轉變我們做父母的態度，做到真正地尊重孩子，不把男孩的頂嘴當作一個問題來糾正，放棄「我是父母我一定正確」的想法，引導男孩多思考，多進步。

父母對待孩子頂嘴的方式裡，藏著孩子與未來交手的樣子。德國兒童心理學家認為，能夠同父母進行真正爭辯的兒

第三章
別發愁男孩太鬧心，那是他「和世界聯結」的方式

童，以後會更自信，更有創造力和合群。請接納並引導好那個愛頂嘴的男孩，助他長成最有力量的自己。

學以致用

思考：怎樣策劃你家的「家庭美好時光座談」？

代替懲罰的 3 個辦法，
用尊重引匯出男孩心裡的「男子漢」

懲罰會讓男孩的內心越來越脆弱，尊重能讓男孩茁壯成長。

沒有安全感的男孩背後，
一定有使用錯誤懲罰方式的父母

當全職媽媽的第二三年，是我整體狀態最差的時候，養育的生理勞累還可以克服，但內心的無助、迷茫、焦慮經常排山倒海般湧來，無情地碾壓我的身心，這種狀態反映到育兒上，就是我非常的情緒化，以及懲罰孩子隨意化。

比如，我兒子喜歡玩水。如果那天我心情好，我就會允許他玩；如果那天我心情不好，我就會嚴屬指責他，他自然會哭，由此引發我更大的憤怒，情緒崩潰的時候，我甚至會打罵他。換句話說，我其實不是因為孩子做錯事而懲罰他，而是藉著他的行為發洩我的情緒。這種狀態非常糟糕，會讓我更討厭自己，但我又無法克制，導致惡性循環，引起更大的情緒問題。

我兒子那幾年受的傷害非常大，首先，是他缺乏安全感，他不知道媽媽什麼時候因為什麼就會突然生氣。其次，

第三章

別發愁男孩太鬧心，那是他「和世界聯結」的方式

他對對錯缺乏評判標準，完全以媽媽的心情為導向，這就很容易讓他對秩序產生混亂感。直到現在，我在電腦上打出這些字，心裡都扎心地痛，我很後悔那些年對孩子造成的傷害，也花了很長時間才克服這種內疚感，開始學習科學育兒，逐步彌補孩子的傷痛。

相比之下，我的丈夫比我理智，他一直是個情緒穩定的人，但他的育兒方式很老套，懲罰方式就是「打」，他有一個很明確的標準：「你做錯了事，爸爸就要懲罰你」。比如我兒子打了人還不願意認錯，他就會象徵性地透過打手或者打屁股的形式去懲罰。

雖然，「打」是不可取的一種教育方式，但有標準的「打」也比我毫無章法、單純發洩情緒的懲罰要更有效。那時候，我兒子非常認可這種方式，他經常表達：「我媽媽會打我，我爸爸不會，我犯錯的時候他會懲罰我，但從來不會打我。」

但很快，爸爸的懲罰開始失效，我兒子從 4 歲開始，非常抗拒「打」，每次犯錯，他會拒絕溝通，也不願意認錯，但會非常明確地表示：「不要打我，打是沒有用的，你們越打，我越害怕，就越不知道為什麼錯。」

慶幸的是，隨著孩子長大，我的能量也在增強，意識到情緒問題的我，陸續學習各種教育學知識、心理學知識，先後考取了各種相關證照，我慢慢意識到：男孩犯錯本身不算

問題，但如果父母的應對方式不對，問題反而會成隱患，嚴重傷害男孩身心，更破壞親子關係。

那麼，當男孩犯錯，父母怎麼應對，才能既讓男孩知道錯，又能引導男孩發揮主觀能動性，在錯誤裡成長呢？我和大家分享 3 個辦法，這些年，我就是透過這些辦法，慢慢把我兒子的安全感重新補足，幫助他在「小錯誤」裡「大進步」。

用「自然後果」引導男孩學會承擔

「自然後果法」是法國著名教育家盧梭（Rousseau）提出的教育方法，盧梭主張：應該讓孩子們從自身的行為和教訓中去汲取經驗，以後果來引導孩子自覺地朝正向發展。

「自然後果法」好用，但在實際操作的過程中，很容易被曲解。比如，孩子期末考試沒考及格，父母就會非常生氣，取消說好的娛樂活動：「因為你不好好用功，所以沒有資格出去玩，這是對你的懲罰。」

實際上，不好好用功 —— 考試沒考好 —— 不去旅遊，完全和自然後果無關，而且還會破壞親子關係，孩子會認為：我成績好，父母才會愛我，我成績不好，父母就不愛我。爸爸媽媽的愛是帶著條件的。親子關係就會變成索取和交換的關係。

總之，不允許吃零食，不允許看電視，不允許出去玩，這些和父母心情有關的「懲罰」都是人為干預，並不是讓孩子

第三章
別發愁男孩太鬧心，那是他「和世界聯結」的方式

在生活中自然而然就能體驗的後果，這類懲罰只會讓男孩更加害怕自己不夠好、不值得被愛。

怎樣才是沒有大人干預的自然後果？有一回，我在學校門口，遇見一位將「自然後果法」運用得非常好的媽媽。那位媽媽和她兒子，在校門口僵持了很久，她兒子看上去上三四年級，一直央求：「媽媽，求你了，快來不及了，你先去小賣部給我買一份吧，今天上課要用這套教具。」他的媽媽態度非常溫柔，一點都沒因為男孩的焦急而生氣，說話始終輕聲細語的，但是她非常堅定：「媽媽提醒你很多次，一定要檢查書包，你每次都說檢查過了，但事實證明你沒有，媽媽不會回家幫你拿，也不會臨時給你買，你需要自己承擔丟三落四的後果。」後來，上課鈴聲響起，男孩急得哭出聲來，只能一跺腳衝進學校。我不由在心裡給這位媽媽默默鼓掌。

孩子上學忘帶教具，換作其他父母，或許會一邊生氣責罵孩子，一邊緊急幫孩子想補救措施，但這樣一來，孩子就不會把這事記在心裡，他會想：罵就罵幾句吧，反正有爸爸媽媽幫我收拾殘局。

而那位媽媽，她用溫柔維護了男孩的情緒 —— 媽媽沒有因為你忘記教具而生氣，我愛你，我接納你焦急的情緒；同時，她用堅定的態度表達了自己的想法 —— 但我不接納你丟三落四的行為，你需要為自己的行為承擔責任。

忘記帶教具 —— 上課無法使用 —— 被老師批評，這就是男孩需要承擔的自然後果，也是盧梭提倡的，讓孩子們從丟三落四裡取得經驗，以後果來引導男孩自覺養成提前準備、檢查書包的好習慣。

父母需要注意的是，選擇讓男孩承擔自然後果時，要避開那些會對孩子造成身心傷害的選項，自然後果的目的不是懲罰，而是為了讓男孩親身體驗後果，自覺養成習慣。所以，父母需要及時安撫男孩，引導他吃一塹，長一智，承擔起自己的責任。

用「共情溝通法」引導男孩養成解決問題的能力

孩子的一些習慣性問題，我們可以透過「自然後果法」讓男孩學會對自己的行為負責，勇敢承擔後果。但在一些無法使用「自然後果法」的問題上，父母用「共情溝通法」就非常合適，而且能促進男孩提高自我解決問題的能力。

「共情溝通法」的步驟很簡單，和前面講到的讓男孩說出心理話有異曲同工之妙，當男孩犯錯：

首先，按捺住想「批評」的心；

其次，共情男孩遇到的困境；

接著，表達作為父母的態度；

重點，平等商量討論解決方法。

第三章
別發愁男孩太鬧心，那是他「和世界聯結」的方式

共情溝通法

有家長感到疑惑，這麼簡單能讓男孩意識到自己的錯誤嗎？親子專家明確指出：每個孩子都是天性向善又上進積極的，當父母給了孩子足夠的尊重，他自己就會想要更好、更上進。

這四個步驟中，共情最為關鍵。畢竟，當男孩犯錯，很多父母確實很容易心情浮躁，哪裡還有情緒去思考孩子的心理？所以，「共情溝通法」適合在父母心態平和的時候運用，如果男孩犯了錯，父母在當下無法平靜地幫孩子解決問題，那麼建議父母和孩子各自冷靜一下，等雙方都平靜下來再溝通。

我兒子讀一年級的時候，課堂紀律不是很好，有一次放學，他被老師留堂，老師反應，我兒子上課的時候，喜歡玩

窗簾（他的位置在窗戶旁），還自言自語，課堂上的行為也總比別人慢半拍。以我對他的了解，我猜測他大機率是在走神，在自說自話模仿超人力霸王。

我當下非常生氣，既不滿意他上課不認真，又氣他讓我丟臉，本能地就想直接怒吼他一頓。如果我當時真的那樣做了，除了「教育他」，可能有很大一部分原因是在宣洩情緒，是為了維護我自己的面子。

於是，我冷靜了很久，直到睡前，我能平靜和他溝通時，才和他談這件事。

媽媽：「寶貝，你今天被老師留堂，媽媽很心疼的。」

怒氣過後，我確實很心疼他被老師批評。兒子沒有回應。

媽媽：「我知道你上課上了一天，肯定很辛苦，會想放鬆一下，老師也說你最近的課堂紀律好了很多，坐得都比以前端正。」

我站在孩子的角度開始共情。

兒子的表情開始鬆動：「真的嗎？」

我點頭：「嗯，真的呀，你最近的字寫得也很有進步，不過老師也說了，還有一些小缺點，你今天上課的時候是不是玩窗簾了，還自言自語？」

兒子有點不好意思：「我想想，應該有。」

第三章
別發愁男孩太鬧心，那是他「和世界聯結」的方式

媽媽：「你和媽媽說說，你為什麼玩窗簾呀？」

兒子：「我的位置靠窗簾太近了，風一吹，窗簾就到我這裡來了，我就躲在窗簾裡，媽媽，今天老師讓我們想 ABAC 句式，自言自語就是在想 ABAC 句式的成語。」

媽媽：「原來你是躲在窗簾裡思考，那你為什麼不舉手回答呢？」

兒子：「我想到一個，別的同學就說了一個，我又想到一個，別的同學就又說了一個，我心裡有點難過。」

媽媽：「原來是這樣，要是老師知道你是在窗簾後面是在思考句式就好了，不過，上課有課堂紀律，你躲在窗簾裡，老師確實會誤會呢，這可怎麼辦？」

共情之後，我表態對這件事是不贊同的，引導孩子自己思考解決辦法。

兒子：「媽媽，我知道怎麼辦，我明天把椅子多移到隔壁同學那邊一點，我告訴她原因，她不會介意我挪過去的，這樣我就不會再碰到窗簾了。」

媽媽：「這個方法很棒，那我們的課堂紀律會越來越好。」

兒子心情很愉悅地準備睡覺。

很顯然，我兒子早知道上課玩窗簾是不對的，但一番交談過後，他確認媽媽不會批評他，並且願意站在他的角度去幫助他，於是，他自己想出了解決辦法。這個過程還有個很

有意義的地方是，父母可以和男孩針對具體的問題，制定出相應的規則，便於男孩在遇到同類問題時有據可依。

孩子在課堂紀律上出現了問題，是很有必要及時糾正的，但孩子的成長會遇到大大小小各種問題，比起遵守課堂紀律，我更想讓他知道的是：問題不重要，重要的是，你要知道爸爸媽媽永遠愛你，支持你，幫助你，我們一起尋找解決問題的辦法，爸爸媽媽也相信你自己就有解決問題的能力。

用「尊重的態度」維護好男孩心裡的「男子漢」

非常重要的一點是，不管是讓男孩承擔自然後果，還是和男孩進行共情溝通，父母都要做到尊重男孩。每個男孩心中都有個英雄夢，比如我兒子，他很期待成為超人力霸王那樣的英雄，怎麼讓男孩心裡住著的「男子漢」茁壯成長？答案就是尊重。

事實上，不管是男孩還是女孩，都渴望父母無條件的愛，但男孩和女孩相比，顯然女孩更能在「我愛你」裡得到力量，而男孩更喜歡 —— 我尊重你，這是有科學依據的，科學家發現尊重對男性而言極為重要，如果男性被迫在「孤獨無愛地活在世上」與「卑怯沒有尊嚴」這兩種感覺之間做出選擇的話，74%的男性寧願放棄愛以保持尊嚴。擁有 30 餘年家庭

第三章
別發愁男孩太鬧心，那是他「和世界聯結」的方式

關係諮詢經驗的愛默生‧艾格里奇（Emerson Eggerichs）博士認為：如果媽媽只能給兒子一樣東西，那就給他尊重。

一位媽媽分享了她的故事。她兒子讀三年級，有一回，學校組織學生參加一個畫畫比賽，孩子非常有畫畫天賦，媽媽自然很想讓孩子參加並得獎，但不管媽媽怎麼威逼利誘，男孩就是不願意參加，而且死活不說理由。

媽媽很憤怒，氣話脫口而出：「你就是膽小，是不是怕畫不好不能得獎？得獎當然好，但你要先勇敢嘗試呀，你連嘗試的勇氣都沒有。」孩子非常傷心，但始終沒有解釋，一連幾天都心情低落，也拒絕和媽媽溝通。

後來，媽媽去做心理諮商，在專家的疏導下，她承認，她之所以想逼迫兒子去參加比賽，是想讓兒子拿獎，雖然是為了讓兒子獲得更多好機會，但確實也是為了她自己的面子，她甚至連發文的內容都想好了，可這個過程，她唯獨忽略了兒子，她一點都沒有尊重兒子的想法。

那天，她主動和孩子溝通：「畫畫比賽的事，很抱歉，這是你的事，媽媽不該一直干涉你，我尊重你的意見，你想參加就參加，不想參加肯定也有你的理由，你自己決定。」沒想到，她剛說完這句話，兒子的眼淚就奪眶而出，更令人意外的是，那天晚上，孩子突然說：「媽媽，我想好了，我還是去參加一下。」

很多時候，男孩並不是不懂事，他只是期待能自己做主並得到父母的支持，尤其是尊重，當他被尊重，情緒價值得到滿足，他自然越來越懂事。父母對男孩的尊重，應該體現在各方面，比如：

尊重男孩對獨立的追求；尊重男孩對榜樣的需求；尊重男孩對成就的渴望；尊重男孩對冒險的熱愛；尊重男孩對競爭的熱情；尊重男孩對公平和規則的高要求；尊重男孩對理性表達情感的方式。

男孩更在意的是獲得「去世界闖蕩」的能力，追求刺激和冒險，尋求成就和更強大的自己，這些因素，除了「愛」，更需要父母透過尊重讓男孩獲得，尤其在男孩犯了錯時，父母千萬要注意，不要打著「為孩子好」而懲罰的藉口傷害男孩的自尊心，引導男孩在錯誤裡成長，是我們作為父母應盡的責任。與此同時，我們給予尊重，能讓他獲得更高的自我認可。

《養育男孩》一書，建議父母在指出男孩錯誤，或者對男孩不夠尊重的情況下，可以這樣清晰無誤地對男孩說：「對不起，我沒能尊重你，你能原諒我嗎？我並不是故意要傷你的自尊。我的本意是想糾正你的行為，而不是貶低你。我只是想幫你成為一個可敬的男子漢，我相信你會成為這樣的男子漢。」

第三章
別發愁男孩太鬧心，那是他「和世界聯結」的方式

　　從小被尊重的男孩，能激發出更多的責任感和解決問題的能力，最終長成他自己希望的最有力量的樣子。

學以致用

　　7歲男孩上課偷玩電話手錶，父母怎樣溝通比較好？

　　男孩石頭剛買了電話手錶，興奮得不行，在和同學加好友時，發現手錶裡面竟然有各種遊戲，很快他著了迷，平時在家，媽媽還會監督一下，但有一天上課外才藝班，老師反應2個小時的課程，石頭玩電話手錶玩了一個半小時，不管老師怎麼引導，石頭都沒心思做手工，完全痴迷於電話手錶。

　　思考：石頭的這個問題可以用「自然後果法」嗎？

　　如何用共情溝通的方式讓石頭自己意識到錯誤並提出解決辦法？

「八大智能」了解你的男孩，因材施教幫他把優勢發揮到最大化

了解男孩的先天智能，輔以針對性的後天培養，男孩的成長能事半功倍。

7歲男孩4年學了10種「興趣」，結果無一特長

正正是個7歲的男孩，功課不錯，性格也活潑可愛，但令正正媽媽鬱悶的是，正正沒有任何專長！不管學校有什麼活動，他永遠沒機會參加，唱歌不會，籃球不行，寫字一般，英語只能蹦幾個單字，小主持人連上臺的機會都沒有，畫畫還不錯但不是比賽風格……。

不知情的家長經常勸正正媽媽：「你家孩子那麼聰明，你送他去報幾個才藝班唄，現在學校要求高，沒特長可不行。」聽到這句話的正正媽媽心都在流血，因為，正正從2歲多就陸陸續續又忙忙碌碌上了各種才藝課：英語、跆拳道、鋼琴、畫畫、游泳、書法，早教課就連著上了三年……總之，從幼稚園開始，正正從週一到週日都奔波在各種才藝課的路上。

為什麼學了這麼多，正正依舊沒有特長？原來，正正媽媽覺得孩子小，沒必要固定一個領域學習，她想讓孩子多嘗試一些領域，再挑選2～3個開始認真堅持。問題是，現在

第三章
別發愁男孩太鬧心，那是他「和世界聯結」的方式

的才藝課程都設計得非常有趣，除了枯燥的鋼琴課以外，正正每個都很喜歡，又因為參加的課程太多，正正沒辦法在課後深入地學習了解，光憑一週一兩節課的課堂學習表現，正正媽媽根本沒法判斷正正的「優勢」。

這一拖，就到了小學，正正沒辦法再上這麼多才藝班，於是，母子倆商量留下了兩個才藝班，一個是畫畫，正正喜歡；一個是游泳，為了鍛鍊。

但上了一年級，正正媽媽才發現，正正的同班同學大多都有特長，不是能參加圍棋比賽，就是書法比賽能得獎，還有會國畫的，相比之下，正正什麼都不會，游泳雖然也有比賽，但正正游得慢；相對來說，畫畫算是正正的特長，老師經常誇正正想像力豐富，色彩敏感度很強，但這些優勢在參加比賽時完全發揮不出來……。

正正媽媽特別擔心，一方面覺得是自己沒安排好，耽誤到孩子的時間了；另外一方面是，眼下孩子課業壓力越來越重，她實在不知道該怎麼集中心力培養正正的特長，是培養正正參加畫畫比賽，還是針對學校比賽去安排才藝課。

其實，「怎麼為男孩選擇才藝班」是很多父母的困擾，學籃球有利於長高，學圍棋能鍛鍊專注力，學跆拳道便於自我保護，英語更是必須學……，這些說法都很有道理，但父母最容易忽略的是 —— 根據男孩的實際情況因材施教。如何發現男孩的天賦？這裡推薦給大家 —— 多元智能理論。

多元智能理論是美國哈佛大學教育研究院發展心理學家霍華德‧加德納（Prof. Howard Gardner）提出的，他提出，人類最主要的智能至少有以下八種：言語 —— 語言智能、邏輯 —— 數理智能、視覺 —— 空間智能、身體 —— 動覺智能、音樂 —— 節奏智能、交往 —— 交流智能、自知 —— 自省智能、自然觀察智能。

加德納認為，每個孩子都是聰明的孩子，只是他們的能力、天賦可能表現在不同的領域，我們評價孩子的能力時，不能只局限於傳統的語言或數理邏輯，否則很多優勢不在此的孩子將被嚴重低估、埋沒和壓抑。接下來，我們從三個方面，讓大家了解八大智能。

八大智能對應八種不同類型的特質

1. 言語 —— 語言智能

主要指能透過口頭語言及文字，順暢而高效地表達自己或者理解他人。具有語言智能特質的男孩，能在閱讀、寫作和溝通能力上發現優勢，也比較能接受父母講道理的教育方式。

2. 邏輯 —— 數理智能

顧名思義，擅長數字運算和邏輯推理。具有數理智能特質的男孩，會對數字和推理特別敏感，尤其擅長和喜歡邏輯推理。

第三章
別發愁男孩太鬧心，那是他「和世界聯結」的方式

3. 視覺 —— 空間智能

對色彩、線條、形狀、空間的敏感性很高，能準確地感覺視覺空間，並很好地表達出來。具有空間智能特質的男孩空間感會很好，能精準掌握視覺空間的結構，學習幾何時會相對輕鬆，如果空間智能發育得不是太好的男孩，在初學寫字的時候容易出現字大小不一、左右顛倒等現象。

4. 身體 —— 動覺智能

能夠很好地控制身體，擅長運動，非常懂得利用身體語言表達自己的思想和情緒。具有運動智能特質的男孩，很難安靜下來，很難長時間坐著不動，習慣透過身體感覺來思考，喜歡手工和戶外活動。

5. 音樂 —— 節奏智能

對音樂節奏、音調和音色，及旋律非常敏感。具有音樂智能特質的男孩，在聲樂上有天賦，對聲音很敏感，非常適合聽力型的學習方法。耳朵靈敏，但容易被聲音影響，更需要獨立的學習空間。

6. 交往 —— 交流智能

能夠敏銳高效地察覺他人的情緒和動機，並作出適宜的反應，與人相處和交往的能力非常強。擁有交流智能特質的男孩，普通人際交往能力強，朋友多，招人喜歡。

7. 自知 —— 自省智能

自我認知能力非常強，能夠正確了解和評價自身的情緒、動機、欲望，並在此基礎上形成自律力。自省智能特質的男孩自律性非常強，且有自我反省和自我分析能力，是典型的「別人家的優秀孩子」。

8. 自然觀察智能

對植物、動物等其他自然環境類的東西非常感興趣，很懂得在自然裡自得其樂。擁有自然觀察智能特質的男孩，好奇心強烈，具備敏銳的觀察力，對事物有特別的分類、辨別和記憶的方式。

一張表幫你檢測男孩屬於哪種智能

根據表中列出的各種智能特徵逐行對照，在每項智能特徵後面打勾，哪種智能特徵表打勾最多即屬於該類型。

言語—語言智能觀察表

1. 善於編故事，喜歡講故事	
2. 拼寫方面高於同齡人	
3. 話語很多，能口語清晰地說明事情	
4. 記名字、地方和日期非常準確且不容易忘記	
5. 喜歡字、詞之類的遊戲，比如縱橫字謎、拼字遊戲等	
6. 與同齡的夥伴相比，詞彙量大	
7. 擅長用寫作來表達自己的思維和想法	
8. 喜歡閱讀，還喜歡透過研究來探索自己感興趣的主題	

第三章
別發愁男孩太鬧心，那是他「和世界聯結」的方式

邏輯—數理智能觀察表

1. 對數字敏感，對數學感興趣	
2. 喜歡表格、圖表和地圖，喜歡對信息進行歸納和總結	
3. 非常擅長做心算數學題	
4. 喜歡邏輯性一類的謎語或難題	
5. 擅長理解抽象概念	
6. 喜歡有序的、邏輯性強的東西	
7. 喜歡做研究，找到事物的根源	
8. 喜歡下西洋棋、跳棋、圍棋以及其他需要運用策略的遊戲	

視覺—空間智能觀察表

1. 喜歡擺弄機械，能輕鬆拆卸各種簡單的機械	
2. 喜歡拼圖、迷宮類遊戲	
3. 看地圖、圖表比看文字容易	
4. 非常有方向感，很容易認路	
5. 愛在書本、紙張或其他東西上隨手塗畫	
6. 喜歡用圖解或其他視覺材料來表達觀點	
7. 思考或回憶時，腦中有清晰的畫像	
8. 很容易看懂立體透視圖	

身體—動覺智能觀察表

1. 有很強的平衡感，大運動方面的能力突出，能精確地完成各種身體動作	
2. 喜歡各處走動，不停運動，精力旺盛	
3. 喜歡扮演各種角色，戲劇表演能力強	
4. 長時間坐著不動會焦躁不安	
5. 喜歡透過觸碰的方式學習東西	
6. 能快速、輕鬆地掌握各種身體技能	
7. 能很好地模仿他人的舉止或者特殊風格	
8. 能積極地參與動手的學科活動，而不只是簡單地聽課或看書	

「八大智能」了解你的男孩，因材施教幫他把優勢發揮到最大化

音樂—節奏智能觀察表

1. 記樂曲很輕鬆	
2. 演奏樂器很輕鬆	
3. 能即興演唱、演奏樂曲或作曲	
4. 說話或動作很有節奏感	
5. 對外界噪音很敏感	
6. 常無意識地哼唱或打節拍	
7. 在音樂方面表現出極大興趣	
8. 生活中如果沒有音樂會很無聊	

交往—交流智能觀察表

1. 能敏銳覺察到別人的情緒和動機	
2. 喜歡團隊運動大過個人運動	
3. 有較強的領導才能，很有說服力	
4. 喜歡幫助朋友，提供解決辦法	
5. 與他人相處時很自然，很自信	
6. 社交能力強，很容易認識新朋友	
7. 喜歡和集體一起學習工作	
8. 不喜歡獨處	

自知—自省智能觀察表

1. 有非常清醒的自我認知，了解自己的優勢和不足	
2. 很在意公平，對錯有非常明確的標準	
3. 個性獨立，意志非常堅定	
4. 獨處時能安排好事情和學習計畫	
5. 喜歡獨立工作而不是合作	
6. 經常思考未來，有明確目標	
7. 非常自律，自控能力強	
8. 能夠清晰覺察自己的情緒並表達	

第三章
別發愁男孩太鬧心，那是他「和世界聯結」的方式

自然觀察智能觀察表

1. 非常喜歡大自然	
2. 喜歡看探索大自然等自然節目	
3. 習慣觀察天文	
4. 願意花時間觀察動植物的生長	
5. 能靈活應對不斷變化的環境	
6. 觀察力強，敏銳又敏感	
7. 能很快對訊息和觀點進行歸納總結	
8. 能很快記住或辨識景物或生物	

父母當好觀察員和分析員，因材施教事半功倍

需要注意的是：

1. 八大智能檢測只作為判斷當下的依據，後天教育也會影響男孩。更精準的檢測結果則需要進行專業測試。

2. 學齡前的男孩可以由父母觀察判斷，學齡男孩可以自測。

3. 男孩可能會同時出現幾種智能特質。

了解八大智能後，父母首先需要做好觀察員的工作，仔細觀察男孩在哪一項智能上具備明確的特質。比如，發現男孩的運動智能特別明顯，大動作和精細動作都比同齡孩子發展快，那麼父母就可以為男孩選擇「運動體能類」的課程，當然父母要多觀察，多和老師溝通，了解孩子所處的階段和習得的能力。與此同時，父母若發現男孩也具備語言智能，那

麼也可以同時為男孩選擇「小主持人類」的語言課程，注意隨時觀察孩子的興趣和知識掌握能力。

同理，如果父母發現男孩在某一項智能上出現比較明顯的欠缺，比如某男孩空間智能的特質很低，原則上來說，越早發現越好，父母可以透過教男孩認路、辨別方向、走迷宮、拼圖等空間遊戲對孩子進行刻意練習；另外，學習畫畫也是一種很好地調節空間智能的方式，這一類智能的增長，可以幫助男孩更好地學習寫字、幾何科目。

其次，父母要做好分析員。準確來說，八大智能並不能幫助父母發現男孩的天賦，但能幫助父母挖掘男孩的優勢，在針對性地為男孩選擇合適的才藝班之後，父母不但需要掌握孩子的學習情況，了解相關的專業內容，更需要幫男孩分析，如果男孩要把這個「興趣」晉升到特長，晉升到專業，父母就需要提前幫男孩分析以後是走「喜歡的特長」還是「專業的比賽」之路，並因材施教為男孩提供教育。

這裡尤其要提醒父母們注意的是，不管男孩的優勢在哪方面，都建議父母為男孩留下「運動」的時間。這是因為，首先，從生理結構來說，男孩的肌肉量比女孩多30%，男孩的紅細胞數量也遠遠超過女孩的數量，父母必須給男孩安排更多的運動機會，讓他發洩無處安放的精力；其次，運動不但能保持健康身體，更能在一定程度上控制憂鬱情緒，好處多多。

第三章
別發愁男孩太鬧心，那是他「和世界聯結」的方式

　　這時候，父母作為觀察員和分析員的責任就重大了，父母可以結合八大智能為男孩選擇適合的運動，比如，可以為交流智能強的男孩安排團隊運動，如籃球、足球等；為自省智能突出的男孩安排游泳、長跑等個人運動；這樣既不耽誤運動健身，又能相輔相成地讓男孩在智能優勢方面獲得更多鍛鍊的機會。如果男孩運動智能很高，父母就需要分析是否要走比賽加分或專業道路的可能性。

　　另外，八大智能還能幫助父母的一點是，在了解男孩智能後，父母能「投其所好」，針對性地進行日常教育。比如，雖然都是調皮的男孩，但我們會發現，具備語言智能特質的男孩，相對來說會更服從管教，願意聽父母講道理。但具備動覺智能特質的男孩是不愛聽父母講道理的，這類男孩就必須透過大量運動發洩精力，父母可以透過親子運動促進親子關係。

　　具備數理智能特質的男孩從小就邏輯清晰，適合父母用畫重點的方式來教育。具備空間智能特質的男孩如果不理解學習內容，就適合透過圖畫的方式進行解釋，遇到親子問題時，父母寫信留言會比語言溝通來得有效。

　　同理，父母一定要為具備交流智能特質的男孩多安排些團體活動，這類孩子是不喜歡窩在家的。而具備自然觀察智能特質的男孩，父母則可以多帶去大自然玩耍，會比在家說教有效得多。

具備節奏智能特質的男孩因為耳朵靈，特別愛「管閒事」，且容易分心，父母就必須為這類男孩準備獨立安靜的學習空間，同時這類男孩會出現愛在課堂上聊天的情況，父母需要做好家校溝通。這類男孩透過大聲朗讀的學習方法來記憶，學習效果會非常好。

如果男孩具備自省智能特質，那就要恭喜父母，這類男孩就是典型的「別人家的孩子」，不太需要父母操心，父母只需要按要求提供教學素材即可。

以此類推，我們也就理解，為什麼男孩與女孩不同，一胎與二胎不同，男孩與男孩也不同。因為不同的生理，不同的智能，和不同的後天教育，讓每個孩子都以其獨特的方式在成長，我們也就理解了為什麼一個好的教育方法並不適合所有的孩子。所以，父母一定要做好觀察員和分析員，具體問題具體分析，在了解男孩的實際情況後，為男孩選擇合適的才藝課，為男孩量身定做最合適的教育方式和學習方式。這樣就能相對輕鬆地、事半功倍地，幫助男孩以適合他的方式成長。

學以致用

測評你家男孩的智能特質，思考適合他的教育方式。

第三章
別發愁男孩太鬧心，那是他「和世界聯結」的方式

第四章
別放縱男孩的習慣，
那是幫助他建構
「與世界交手」的格局

第四章
別放縱男孩的習慣，那是幫助他建構「與世界交手」的格局

孩子不吃飯？慎重！
這是男孩與父母的第一次心理博弈

別強迫孩子吃飯，這是最容易兩敗俱傷的事情。

4 歲男孩每次吃飯，都把家裡弄得雞飛狗跳

每到飯點，就是小宇家最雞飛狗跳的時候。小宇已經 4 歲了，但身高體重都不達標，比別人家 3 歲的孩子看著還小。為了讓小宇多吃幾口飯，一家人使出了渾身解數，有時候是爺爺跳舞，有時候是奶奶唱歌，要不然就是爸爸駄著「騎馬」，媽媽跟在後面趕緊餵小宇吃飯。

最誇張的時候，小宇吃飯竟然迷上了坐電梯。他拿著玩具敲打電梯按鈕，把每層都按亮，每停一層就下去蹦躂，他的奶奶端著飯拿著勺，愁眉苦臉地跟在小宇身後，勸道：「小宇啊，先吃一口飯啊，可別餓壞了。」鄰居實在看不過，勸奶奶：「餓他幾頓就老實了。」奶奶心疼：「本來就不長個，再不吃飯就更不長了。」

不好好吃飯，愛這樣瞎折騰的孩子，你熟悉嗎？滑滑梯和搖搖馬邊上，經常有拿著食物跟在孩子身後的家長，他們就盼著孩子玩盡興了，可以順利地塞一口饅頭或麵包給孩子；

而那些在家吃飯的孩子，也有很多是要開著電視、拿著玩具，爺爺哄完奶奶哄，這邊吐來那邊丟，才能吃完飯。一頓飯吃幾個小時，折騰得全家人仰馬翻。

我們會發現，不好好吃飯的孩子背後，總有一群焦慮又獨斷的父母。為了讓孩子多吃點飯，他們會選擇用威逼利誘的方式，殊不知，父母越逼迫，孩子越不愛吃飯。更可怕的是，還可能會把孩子培養成不斷試探父母底線的「小惡魔」。

美國著名兒科醫生、心理學家班傑明·斯波克（Benjamin Spock）對孩子不吃飯這一問題闡述得很透澈：為什麼有那麼多的孩子吃不下東西？主要原因是喜歡催逼孩子吃飯的父母也不少。

斯波克在他的《新育兒百科全書》中介紹：「每個兒童生來就有一套自行調節進食數量和種類、滿足正常成長發育需要的精妙的生理機制。」也就是說，吃飯是孩子自然掌握的天性，完全不需要逼迫。

斯波克還介紹：「兒童有一種被逼急了就要頂牛的本能。吃東西要是吃得不高興，下次見了就更討厭。催逼兒童吃飯是無益的，反而會進一步破壞孩子的食慾，使之長期無法復原。」

簡單來說，父母越逼迫男孩吃飯，孩子越抗拒！甚至，男孩會一次比一次折騰出更過分的花樣，去試探父母的底線在哪裡。當他發現，不管他怎麼折騰，父母總會想方設法滿

第四章
別放縱男孩的習慣，那是幫助他建構「與世界交手」的格局

足他時，「強迫吃飯」就變成了孩子與父母「你輸我贏」的一場心理博弈。

到那個時候，男孩的問題就遠遠不止是不吃飯那麼簡單了，或許，他會因為要新玩具而在大庭廣眾之下撒潑打滾；他可能會因為父母沒有滿足他的要求而嚎啕大哭；他也可能會因為外人沒有配合他的步調而暴怒狂躁。直到有一天，他變成無理取鬧、刁蠻任性的「熊孩子」，父母會疑惑，為什麼自己為孩子付出那麼多，還會培養出個「熊孩子」？

其實，孩子的一切，都是由父母塑造的。遇到問題，父母如何對待，孩子就如何成長。即便憂心忡忡，父母也必須要明白，探究孩子不吃飯的原因，找到解決的對策才是根本。孩子不吃飯看似是小事，其實是家長和孩子的第一次心理博弈。事實上，如果父母能掌握三個「心」，就會發現，孩子不吃飯家長真的沒必要那麼發愁。

父母放寬心，男孩其實並不需要那麼多的食物

很多父母擔心孩子吃得少。尤其是男孩，運動量大，吃得卻少，這怎麼長身體？

美國兒科學會第六版《育兒百科》裡明確指出：

「孩子 1 歲之後，每天需要大約 1,000 卡的熱量來滿足其成長發育、能力和營養需求。」即便孩子到 4 歲，每天需要

的熱量也就在 900 ～ 1,500 卡。如果你曾經吃過 1,000 卡熱量的食物，就會知道那其實並不多。將這些食物分成三頓正餐和兩頓點心，對孩子來說已經足夠了。

「而且，孩子飲食習慣多變，且無法預料。他可能在早飯的時候，一下吃光面前所有的食物，但是在其他時間拒絕吃任何食物；或者他可能連續幾天都只吃自己喜歡的食物，但在接下來的一兩天內，吃得明顯過多或者過少。孩子對熱量的需求會變化，主要取決於他的活動量、成長速度及新陳代謝。」

孩子是不會騙人的，餓了的時候，他食量驚人，但他不餓的時候，父母就算絞盡腦汁也沒辦法多塞一口食物進去。但這些都不要緊，他是不會讓自己餓著的，體重也基本上不會下降。權威育兒專家經過科學實踐證明，這是大多數孩子的正常表現，父母完全可以放寬心。

當然，很多父母也會疑惑，把吃飯的主動權交回給男孩之前，要為他準備多少食物呢？兒童營養學有一個「手掌法則」，非常簡單可操作。

手掌法則，是指用一隻手判斷適合個人的食物用量：

每天的主糧約 2 ～ 3 個拳頭大小；

每天的肉類約 1 個掌心大小；

每天的蔬菜約 2 捧大小；

每天的水果約 1 個拳頭大小。

第四章
別放縱男孩的習慣，那是幫助他建構「與世界交手」的格局

以小宇為例，奶奶每次總要強塞下一碗米飯給小宇，才覺得他能吃飽，但事實上，用手掌法則衡量，可以知道，小宇每餐吃 1 個拳頭大小的主糧就夠了。

所以，父母不要再焦慮男孩動得多吃得少了，他真的不需要「父母覺得他餓」，不過，父母需要注意的是，如果孩子厭食超過 1 周，或者出現了諸如發熱、痢疾或者體重下降，長時間身高體重不增長等症狀時，則需要帶孩子去看醫生。

父母多費心，為男孩多準備營養豐富的食物

當然，並不是說，男孩吃得少，父母就撒手不管，放任自由。不管孩子吃不吃，父母依舊要多費心，認真準備一日三餐。我就在這方面吃過大虧。我是個「廚渣」，加上事情多容易累，就很喜歡點外送或者吃零食，時間久了，就導致我兒子非常偏食，他酷愛漢堡、牛排等重口味的食物，吃這類食物，飯量比成人還大，而一旦吃家常菜，他就吃得又少又挑，「如何讓他多吃點」一度是我家長輩很操心的問題。

我倒不擔心孩子吃多吃少，畢竟他自己知道飽餓，但我知道我和他都需要健康的飲食習慣。《育兒百科》中也指出：「如果父母每頓飯都給孩子提供許多可以選擇的健康食物，不逼迫孩子吃特定的食物，那麼孩子的飲食在幾天內就會達到平衡。」

事實上，所有的父母都知道要為孩子提供健康的飲食，

但每頓飯都為孩子提供許多可選擇的健康食物，並不是一件容易的事，直到我學習了兒童輔食專家的「食物選單 —— 每天為孩子準備 54321 種食物」：5 指 5 種蔬菜，4 指 4 種主食，3 指 3 種肉類，2 指 2 種水果，1 指 1 種奶類。

這麼多種食物，每天買菜做飯得花多少時間？其實，若掌握了高效快捷的烹飪方法，一天準備 15 種食材並不會給我們帶來多少負擔。

比如，我們在準備主食時，除了稻米，還可以放入一些黑米、小麥、黃米，混合著吃；熬排骨湯的時候，可以同時放紅蘿蔔和玉米，一下就有了三種食材；準備炒菜的時候，可以把蝦仁、紅蘿蔔、花椰菜或花菜炒在一起，營養絕對全面；還可以把豬肉、蝦肉、紅蘿蔔、花椰菜切成末，拌上雞蛋和麵粉，煎一個有肉有蔬菜的早餐餅。

做飯的時候多搭配幾種食材，我們就能保證健康飲食的全面性。當然，在這個過程中，父母要調整好心態 —— 不斷告訴自己，做不做是我的心，孩子吃不吃是他的事。

父母多用心，讓男孩多參與做飯

值得注意的一點是，吃飯一定要愉悅，讓男孩有自主權，千萬不要嘮叨。有一段時間，我媽媽來我家，每到飯點她一定會嘮叨：「你快吃魚，你不吃我就不高興，你不吃肯定

第四章
別放縱男孩的習慣，那是幫助他建構「與世界交手」的格局

長不高，怪不得這麼瘦，還說要當科學家，肯定當不上。」
說實話，我在旁邊聽到這樣的話，也覺得很壓抑，有種被迫
感，我本來想嘗點魚的，也會不自覺地放下筷子，我兒子就
更是，一旦被強迫，他就直接反抗。我們當然理解長輩的苦
心，但男孩最不喜歡拘束，實在要勸說，我的建議是，凡事
正面說：「這魚又香又嫩，吃了能長高，為你當科學家添磚加
瓦。你試試？」

　　另外，與其在飯桌上勸吃，不如多花點時間，在飯前邀
請孩子參與做飯。讓男孩參與整個做飯環節，是能大大促進
孩子的吃飯興趣的。很多父母會覺得這是浪費時間，但是教
育部釋出的標準明確指出，一年級的孩子就需要具備「烹飪
與營養」技能。

　　更驚喜的一點在於，讓孩子參與整個做飯環節，不亞於
給孩子安排一場早教課程。

　　比如，買菜環節等於「生活課＋美術課＋認字課＋算數
課＋溝通課」。

　　不管是去菜市場還是去超市，綠油油的青菜、紅彤彤的番
茄、青翠的黃瓜、濃紫的茄子、活蹦亂跳的魚、「橫行霸道」
的螃蟹和「耀武揚威」的蝦……這些都可以讓孩子認識生活，
學習顏色，在父母的引導下，學習對應的名稱和價錢，觀察父
母詢問價格和買賣的方式。只要有心，生活處處是課堂。

做飯環節等於「精細動作鍛鍊＋手腦眼協調能力鍛鍊」。

孩子從小鍛鍊手腕的力量，提升手指的精細動作和手眼腦協調的能力是非常重要的，不但能夠促進孩子的大腦發展和身體發育，對孩子上學後掌握正確的寫字姿勢也非常重要。

很多父母不理解，這和寫字有什麼關係？其實，寫字非常考驗孩子的手眼腦協調，以及手腕力量和手指精細動作。很多一、二年級的孩子，如果掌握了寫字方法，也認真學了，可還是寫不好字，那就極有可能是因為他們手部的力量不夠，缺乏手部訓練。

我有一個朋友，她從小就讓兒子一起幫著做簡單的家事，比如包餃子、洗水果、榨果汁。她兒子 4 歲多的時候，就能非常熟練地使用手工果汁機榨果汁，那種榨汁機需要左手拿水果及固定住機器，右手旋轉機器擠壓水果，對手部靈活性、手腕力量和手指的精細動作有較高的要求，很多大人也未必能用得好，但朋友的孩子用得非常好。用得好有什麼優勢呢？他學什麼都很快，尤其是和手部有關的技能，比如，搭積木、摺紙、寫字都是又好又快。

男孩全程參與做飯，付出的「責任」和「用心」會讓他對吃飯的興趣濃厚起來，另外，孩子動手參與做飯也會讓他特別有成就感，吃起飯來就特別香。

第四章
別放縱男孩的習慣，那是幫助他建構「與世界交手」的格局

我兒子嘴刁，但他參與做的飯，不管多「難吃」，他都會吃得很賣力。

他 6 歲時會做一個「拿手菜」——煎恐龍餅，做法很簡單，把雞蛋、乳酪、糖、火腿腸和各類蔬菜攪拌在一起，大概煎成恐龍的形狀。每次我和他一起做這道菜的時候，我會給他準備各種食材，他就興致勃勃地安排五六種食材，「指導」我怎麼做好一塊恐龍餅，在他看來，做恐龍餅是他的強項。實際上，他做出來的恐龍餅味道很一般，但他每次都會吃得一乾二淨，還很有成就感。

《器之美》一書中有這樣一段話：「快樂總要好過無趣，美味總要好過無味。即便是自己笨手笨腳做出來的一餐飯，只要鋪上中意的桌布，用喜歡的碗盆盛裝，就會覺得開心。」食物，並不只滿足口慾，也不只為了飽腹，更在於讓我們在品嘗美食的過程中感受到當下的美好。

父母當然需要照顧孩子的吃喝拉撒，操心孩子的身體成長，但更重要的是，我們也需要關注孩子的心理健康，放下父母「讓孩子多吃」的執念，把主動權交回到孩子手裡，我們只需要做好我們能做的，邀請孩子一起買菜，一起做飯，一起將食物擺成美美的形狀，一起自由地、隨心所欲地享受美食。當我們選擇靜待花開，或許男孩正在陽光下，汲取養分，長成參天大樹！

孩子不吃飯？慎重！這是男孩與父母的第一次心理博弈

學以致用

思考：如何讓男孩開心地參與做飯呢？

第四章
別放縱男孩的習慣，那是幫助他建構「與世界交手」的格局

入睡晚哄睡難？
3 招讓男孩養成健康的睡眠習慣

培養健康的睡眠習慣，家長要關注男孩身體上的疲倦，更要重視他心理上的平靜。

又一次讓兒子哭著睡著，我真的不是好媽媽

「我現在好難過，今天晚上我又把我兒子凶了一頓，他哭哭啼啼睡著的，他一睡著我就後悔了，看著他熟睡的臉我真的很心疼，很討厭自己，為什麼要對他發脾氣？可是，他真的也是好氣人，每天晚上睡覺都很磨人，明明說好了 9 點睡覺，他總是找各種理由，一會兒要看書，一會兒說肚子餓，一會兒非要我和他玩遊戲，好不容易上了床關了燈，他又非要我去抱他，不管怎麼折騰，他就是不睡。

有時候明明都哈欠連天了，他還非掙扎說：『我不是困，我只是想要你抱。』可就算我抱著他睡，他在床上也是翻來覆去地鬧騰。最後，基本上就是我把他罵一頓，有時候還把他打一頓，他才哼哼唧唧去睡，等他真睡著，基本上都快 10 點、11 點了。我真是愁死了，他每天睡覺這麼折騰，我晚上基本什麼事都做不了。我更擔心他這麼晚睡影響身體，他才

8歲啊，11點睡這叫熬夜吧？還怎麼長高？每天就睡七八個小時，白天哪裡有精力上課？」

一位媽媽找到我，訴說了她的苦惱，她8歲的兒子今年上二年級，每天睡眠時長勉強8個小時，她兒子入睡時間又比較長，因為這事，他們家每天晚上都雞飛狗跳。

你家也有這樣睡覺難的男孩嗎？

入睡晚，有些孩子甚至拖延到11點才能睡覺；入睡困難，每天晚上都要折騰一兩個小時才能睡著；要陪睡，睡前總是喊媽媽，不是要抱就是要陪躺，媽媽不在身邊再困都不睡；哄睡難，有些孩子更奇葩，在床上不睡，在車上兜幾圈風才能慢慢睡著……

我們發現，但凡入睡晚的男孩，大機率會出現入睡難、哄睡難、要陪睡的問題，也就是說，這些問題是環環相扣的。更糟糕的是，孩子的睡眠狀況會讓父母產生極大的挫敗感和焦慮感；反過來，父母的情緒又影響孩子睡得更晚，導致惡性循環。

除了苦惱讓孩子入睡的教育方式，父母揪心的點更多在「孩子晚睡，睡眠時長不夠，會不會導致長不高？會不會影響孩子的身體狀況？會不會影響白天的精神狀態？」這些點上。

培養男孩養成健康的睡眠習慣真的很重要，但在這之前，父母首先要放下焦慮，我們可以嘗試從以下三個方面入手，幫助孩子好好睡覺。

第四章
別放縱男孩的習慣，那是幫助他建構「與世界交手」的格局

別焦慮，規律作息，因人而異

入睡晚，會不會影響孩子生長發育？這個問題我們需要從兩個方面解釋。

1. 入睡晚，會影響孩子的身高

睡得早更容易長高，這涉及生長激素的分泌。《嬰幼兒睡眠全書》提到：「生長激素由腦腺垂體分泌，能促進生長發育，在人醒著時，生長激素的分泌量比睡眠時少，入睡 30 ～ 40 分鐘後，分泌量急遽上升，進入深睡期時達到高峰，在其後的睡眠中，便緩慢下降。待第二次進入深睡眠，分泌量再次上升。在此後的幾個睡眠週期中，分泌量不再上升。睡覺的時間推遲了，生長激素的分泌也隨之向後推。正因如此，處於生長發育期的兒童和青少年更需要睡得早睡得足。」

2. 睡眠時長不達標，未必會對身高有影響

關於睡眠時長，美國國家睡眠基金會制定了各年齡層的睡眠標準，分別是：

各年齡層的每日推薦睡眠時間表

各年齡層	每日推薦睡眠時間
新生兒（0 ～ 3 個月）	14 ～ 17 小時
嬰兒（4 ～ 11 個月）	12 ～ 15 小時
幼童（1 ～ 2 歲）	11 ～ 14 小時
學齡前兒童（3 ～ 5 歲）	10 ～ 13 小時

各年齡層	每日推薦睡眠時間
學齡兒童（6 ～ 13 歲）	9 ～ 11 小時
青少年（14 ～ 17 歲）	8 ～ 10 小時

表格一目了然，父母可以根據孩子的年齡層，判斷孩子的睡眠時長是否符合標準。值得注意的是，這些每日推薦時長是包含午睡時間的，當然，3 歲以上的孩子可以逐步減少午睡時間，提早晚上入睡時間，只要整體時長滿足即可。

那麼 6 歲的孩子睡眠時長只有 8 小時，會不會影響孩子的身高？答案是未必。標準是針對大部分群體的，但實際情況總是因人而異，有些孩子天生就需要很長的睡眠時間，但有些孩子並不需要那麼多睡眠。

蒙特梭利（Montessori）在《童年的祕密》(The Secret of Childhood) 裡提到：「誰能毫不猶豫地斷定兒童必須睡覺呢？如果我們觀察到一個孩子非常機靈，非常敏捷，那麼他天生就不是一個『喜歡睡眠的人』，他需要正常的睡眠時間，這是必需的，不過還是有必要區分睡多長時間是合適的。」

軒軒就是一個不太喜歡睡覺的孩子，他 5 歲，在幼稚園讀中班，最令人頭痛的就是睡眠問題。他活潑好動，精力旺盛，中午從來不午睡，晚上入睡也晚，每天的睡眠時長不到 9 小時。幼兒園的老師為了不讓他影響別的小朋友午休，中午會強行帶他午睡，偶爾也能哄睡，但午睡成功的那天，軒軒晚上入睡就非常困難了，他能精神抖擻到晚上十一二點。

第四章
別放縱男孩的習慣，那是幫助他建構「與世界交手」的格局

一開始，軒軒的爸爸媽媽也非常擔心，想方設法讓軒軒午睡，努力延長軒軒的睡眠時長，但他們發現，軒軒就是覺少的孩子，每天睡八九個小時，體力就非常好了，慢慢地，爸爸媽媽就沒有再糾結過軒軒的睡眠時長問題。

那麼，我們怎麼判斷孩子的睡眠時長是適合他的呢？兒童護理專家表示：「孩子的睡眠時間因人而異，只要孩子睡眠有規律，睡醒後精力充沛，情緒穩定，食慾良好，其身高、體重在正常的範圍內增長，就說明孩子沒有睡眠不足。」

所以，只要孩子睡飽睡足，父母就不必糾結睡眠時長。但是，太晚睡覺會影響孩子的成長發育，所以，父母務必培養孩子早睡的習慣！

要注意，動腦動體，充足放電

如何讓入睡晚、入睡難的男孩，盡可能早睡？答案是，白天一定要給他們安排充足的運動量，有條件的話，每天至少安排 2 小時的戶外運動。

很多父母疑惑：「我家兒子每天都在外面玩幾個小時，但精力依然很好，晚上就是不早睡呀，這是怎麼回事？」

這就涉及父母是否給男孩安排合理的體能運動了。很多孩子雖然在戶外的時間不短，但可能他們只是和夥伴們隨意跑一跑，並沒有足夠的運動量而完全釋放精力。

男孩的精力非常旺盛。《養育男孩》中提到：「睪丸激素會對男孩的心情和精力造成影響，其影響力超過了生長激素，毫無疑問，這會使男孩精力旺盛，也會使他們變得狂躁。平均而言，男孩的肌肉量比女孩多30％，男孩的身體更強壯，更適合運動；因此，我們必須給男孩更多的鍛鍊機會。」

那麼，怎樣的運動才能動腦又動體，幫助男孩充分放電呢？

專家說明：「好的運動可以提高身體，也可以助力青少年擁有好睡眠，可以從平衡、協調、力量三個方面進行。

沒有力量，人的免疫力就會下降，有氧運動可以幫助人提高呼吸功能、心肺功能和抗疲勞能力；平衡性、協調性練習，可以促進大腦發展，反過來，大腦皮層的發展可以促進平衡協調，防止出現平衡性弱、協調性弱等問題。從體育運動方面解決睡眠問題，有氧是主線、力量是關鍵，要均衡協調發展。」

可見，游泳、跑步、球類、徒步都是非常適合男孩的戶外運動，我尤其推薦跳繩這項運動，不但戶外戶內都方便，還能夠促進男孩的四肢協調，是非常有效的感官整合訓練方式。

第四章
別放縱男孩的習慣，那是幫助他建構「與世界交手」的格局

　　另外，為大家推薦以下兒童青少年在家就可以簡單訓練的幾個運動項目，不管是運動形式還是頻率，表格都有詳細的說明。

兒童青少年居家訓練（小學）

	類別	項目	組數和 重複次數	練習地點
練習內容 （小學）	力量性 練習	和家人比賽比腕力	左右手各 3 ～ 5 次 / 組，2 ～ 3 組 / 天	客廳走廊 陽臺
		站立推牆	15 ～ 40 次 / 組， 4 ～ 5 組 / 天	
		半蹲起	15 ～ 30 次 / 組， 3 ～ 6 組 / 天	
		平板支撐	40 ～ 60 秒 / 次， 2 ～ 3 次 / 天	
	柔韌性 練習	雙腳站立式壓腿	20 ～ 30 秒 / 次， 3 ～ 4 次 / 天	
		單腳支撐壓腿	兩腿交換進 行，2 ～ 3 分 / 次，3 ～ 4 次 / 天	
		坐姿體前彎	3 ～ 4 次 / 天	
	平衡性 練習	單腳支撐平衡	20 ～ 30 秒 / 次， 4 ～ 5 次 / 天	

入睡晚哄睡難？３招讓男孩養成健康的睡眠習慣

	類別	項目	組數和 重複次數	練習地點
練習內容 （小學）	平衡性 練習	燕式平衡	10～20秒/次， 4～5次/天	客廳走廊 陽臺
		沿著客廳的地面瓷磚 /木地板縫走	4～5次/天	
	多種形 式跳繩	跳短繩	1分/組，4～ 5組/天	
	趣味遊 戲	套圈	自行安排次數	
		跳格子	自行安排次數	
		打「保齡球」	自行安排次數	

兒童青少年居家訓練（國中）

	類別	項目	組數和重複次數	練習地點
練習內容 （國中）	彈跳練習	弓步跳	15～20次/組，3組	客廳走廊 陽臺
		深蹲跳	15～20次/組，3組	
	力量練習	仰臥舉腿	20～30次/組，3組	
		平板支撐	40～60秒/組，3組， 組與組之間間歇不超 過30秒	
		站立推牆	30～40次/組，4～ 5組/天	
	平衡性練習	單腿平衡 練習	20～30秒/組，2～ 3組	
	柔韌練習	站姿體前 屈	根據自己情況適當選 擇練習時間及組數	
		坐姿體前 彎	根據自己情況適當選 擇練習時間及組數	

第四章
別放縱男孩的習慣，那是幫助他建構「與世界交手」的格局

別忽略，內在需求，心理平靜

　　如果男孩運動量足夠，但依舊出現入睡難的情況，父母就需要警覺是不是忽略了男孩的內在需求。身體疲倦和心理平靜缺一不可，男孩才能輕鬆入睡。

　　《精神分析治癒之道》一書中講過一個很有意思的故事，號稱德國「鐵血宰相」的俾斯麥長期失眠，他嘗試了很多方法都沒有解決。直到他遇到施韋寧格（Ernst Schweninger）醫生。

　　施韋寧格醫生的治療方式非常別具一格，他只是每天在俾斯麥入睡前，陪伴在俾斯麥床邊，默默守護俾斯麥入睡，又在第二天早上俾斯麥醒來前，早早守在床邊。這樣「治療」了幾天之後，俾斯麥的失眠奇蹟般好了。

　　從心理學的角度分析施韋寧格的做法，是讓俾斯麥相信，就算他睡著了，也依然有一個穩定的、充滿善意的客體在支持他，不會離他而去，這份穩定的客體，大大緩解了俾斯麥內在的不安全感，讓他放下焦慮，內心平靜地睡覺。

　　「陪伴在床邊入睡」「醒來一睜眼就看見」，這場景是不是像極了男孩鬧著要媽媽陪睡的場景？俾斯麥的故事很好地解釋了為什麼「心理平靜」才能睡眠安穩。同理，如果男孩在運動量充足的前提下，依舊難入睡，父母就需要考慮是不是平時給孩子「愛的供養」不太夠？建議可以從以下兩點進行哄睡。

162

1. 有規律的睡前儀式

固定的時間，固定的步驟，能讓孩子接收到「要睡覺了」的信息，以及非常重要的一點是，「到什麼時間做什麼事」的規律作息能大大增加孩子的安全感，保持孩子的心理平靜。

父母可以根據自家的實際情況制定睡前儀式，比如：

晚上 8 點是固定的洗澡時間；8 點半是固定的故事時間；9 點是關燈睡覺的時間。

日復一日堅持後，孩子也就習慣成自然，形成到點就去洗澡睡覺的好習慣。當然，針對入睡困難的孩子，父母也可以透過「睡前喝牛奶」、「睡前泡腳」、「睡前按摩」等讓孩子輕鬆舒適的方式，幫助孩子更好地入眠。有必要提醒父母的是，讓孩子心安的不是儀式本身，而是藉由這些儀式，父母給予孩子的耐心陪伴。

2. 有愛心的睡前聊心

其實，睡前聊心和睡前親子共讀一樣，也屬於睡前儀式，但之所以單獨把「睡前聊心」列出來，是因為，對入睡困難的孩子來說，光有睡前儀式是不夠的，他們更期待和父母進行「心」的溝通，尤其是上學壓力大的男孩，在學校遇到的各種事或多或少給他們帶來了壓力，若他們無法表達出來，就只能累積在心裡，心裡藏著事，他們自然在床上輾轉反側，睡不安穩，小一點的男孩就會鬧著找媽媽。

第四章
別放縱男孩的習慣，那是幫助他建構「與世界交手」的格局

　　所以，睡前花一點時間，和男孩隨意聊聊，是非常有必要的。不知道聊什麼的父母可以考慮以下幾個話題：

　　找當天孩子的 5 個優點進行表揚；

　　和孩子一起找 5 件小事進行感恩；

　　聊一聊孩子當天遇到的難忘的事。

　　這樣的睡前聊天能量非常大，能讓男孩感受到「爸爸媽媽關心我在乎我愛我」，更能培養孩子關注溫暖當下、學會感恩的積極心態。

　　我尤其要提醒父母，面對入睡困難的男孩，父母要放下焦躁和憂慮，平靜地陪伴在他身邊，因為，父母的情緒會直接影響孩子的情緒，這一點非常重要。

　　當男孩在父母的關懷中感受到愛與安全感，就會帶著愉悅的心情安心入睡，睡眠質量也會很高，慢慢地，孩子也就能形成健康的睡眠習慣。

學以致用

　　思考：你家寶貝是否帶著愉悅的心情入睡？如果不是，是什麼原因？如何解決？

總是愛拖延？
這樣讓男孩成為時間管理小達人

孩子拖延的背後，藏著沒有時間觀念的無奈。

拖拖拉拉的兒子，把媽媽逼成催促狂魔

　　朋友和我訴苦，說她情願一天到晚上班，也不想回家管兒子。因為她家兒子濤濤實在太拖延，每天早上她要催起床，催穿衣服，催刷牙，催吃飯，她兒子倒好，一邊吃飯，一邊優哉游哉看著漫畫，她「一口老血」都要吐出來了：「你故意作對吧？你看看現在幾點了？上學都要遲到了，你還看漫畫？」每次上學，濤濤都是踩著上課鈴聲進學校，媽媽著急得不行，濤濤卻一點不在意。

　　濤濤下午放學回到家，她要催作業，催運動打卡，催吃飯，催洗澡，催睡覺，每個環節她都恨不得敲鑼打鼓引起濤濤的注意，偏偏濤濤不以為然，永遠一副不急不慢的模樣，總之，和那個一說玩遊戲就精神的急性子不是一個人似的。

　　一天下來，從早催到晚的媽媽很心累，她也想過辦法，比如，給濤濤制定規則，濤濤喜歡玩電話手錶，母子倆商量好每天做完作業可以玩 15 分鐘，玩完之後再去做運動。濤濤也答應得好好的：「媽媽，我一定會遵守規則。」一開始，確

第四章
別放縱男孩的習慣，那是幫助他建構「與世界交手」的格局

實有效，媽媽一說時間到，濤濤就會放下電話手錶。

但很快，新的問題又出現了，媽媽必須嚴格管控規則，否則規則就形同虛設。有一回，她接了個工作電話，等她忙完，發現濤濤已經玩了半個多小時的電話手錶，她一頓怒吼，濤濤還很茫然地解釋：「我以為還有時間呢。」

朋友很苦惱：「我那兒子，就和那算珠一樣，撥一下動一下，我這邊氣得都要爆炸了，他還和沒事人似的，好像上學和做作業與他一點關係都沒有。」

朋友的故事，形象地闡述了諸多家長的痛點，家長總是抱怨為什麼孩子會那麼拖延，一點時間觀念都沒有。我們當然理解家長的苦心，但「不遵守時間拖拖拉拉」這件事，有時候還真不是學齡階段孩子的主觀意識，因為，時間管理這件事，和其他事情一樣，需要方法練習，否則，很難自然而然學會。

如何引導男孩做好時間管理？為大家分享三個很實用的方法。

拖延是因為不懂，家長要教男孩知道時間觀念

如果不教，孩子確實有可能沒有時間觀念。育兒書中有這樣一段話：「人是透過海馬迴記憶的，在兩側耳朵深處各有一個海馬迴，海馬迴受傷，就會失去時間感和記憶。海馬迴對一件事發出『要記憶』指令的次數越多，在事後回憶時，我

們就會感覺時間過得越慢。小孩子對各種事物都感到新奇，海馬迴也頻頻發出記憶指令，所以小孩子就感覺一年的時間過得很慢。」

也就是說，孩子眼中的新鮮事多，所以他感覺不到時間的流逝。父母規定每天只玩 15 分鐘的遊戲，對於 15 分鐘這個時間，孩子是懵懂的。

小學生父母會知道，一年級上學期的數學，有一節課程是「認識鐘錶」，教孩子們認識簡單的時鐘，和「昨天」、「今天」、「明天」的概念。沒有受過教育和訓練的孩子，之所以會拖延可能就是因為沒有時間觀念。

我們可以透過一些很好玩的親子遊戲，來認識時間。

親子手工遊戲 —— 和孩子一起製作鐘錶

準備材料：彩筆，卡紙，剪刀，膠帶

遊戲目的：認識鐘錶、秒針、分針、時針

2.「撥鬧鐘」親子遊戲

製作完手工鐘錶之後，我們可以和孩子玩「撥鬧鐘」遊戲，可以以「快樂的一天」為例，父母發出「早上7點起床」、「中午 12 點吃飯」、「下午 3 點遊戲」、「下午 6 點晚飯」等時間指令，讓孩子根據指令撥動鐘錶；也可以由孩子發出時間指令，父母撥動鐘錶。這個遊戲可以讓孩子很直觀地理解時間的概念。

第四章
別放縱男孩的習慣，那是幫助他建構「與世界交手」的格局

3.「一分鐘鼓掌」感受時間遊戲

在前面兩個遊戲的基礎上，我們還可以和孩子玩「一分鐘鼓掌」遊戲，定好 1 分鐘的時長，讓孩子不間斷鼓掌，感受 1 分鐘的長度。

這個遊戲還可以衍生出「數秒」的遊戲，父母可以帶著孩子一起數秒針的移動，理解 60 秒就是一分鐘。

同理，父母也可以透過「吃一個蘋果需要多少時間？」、「吃一個冰淇淋需要多少時間？」讓孩子切身感受時間的概念。

父母多帶著孩子做這樣的練習，孩子慢慢就理解了「一寸光陰一寸金」的道理。

分辨輕重緩急，幫男孩制定計畫

教孩子認識時間後，父母可以透過「幫孩子制定計畫」的方式，教孩子管理時間。如何做好時間管理？《與成功有約》（The 7 Habits of Highly Effective People）書中給出這樣的答案：「如何分辨輕重緩急與培養組織能力，是時間管理的精髓。」書中提出「時間管理矩陣」，將事情分為四個象限。

重要緊急：事情非常重要，時間非常緊急，必須今天完成。

重要不緊急：事情非常重要，但時間寬鬆可協調。

緊急不重要：時間緊急，事情並不重要，今天不做也沒關係。

不緊急不重要：事情無關緊要，時間不急迫，什麼時候做都可以。

時間管理矩陣

	緊急	不緊急
重要	I ✦ 危機 ✦ 迫切問題 ✦ 在限定時間內必須完成的任務	II ✦ 預防性措施、培育產能的活動 ✦ 建立關係 ✦ 明確新的發展機會 ✦ 制定計畫和休閒
不重要	III ✦ 接待訪客、某些電話 ✦ 某些信件、某些報告 ✦ 某些會議 ✦ 迫切需要解決的事務 ✦ 公共活動	IV ✦ 瑣碎忙碌的工作 ✦ 某些信件 ✦ 某些電話 ✦ 消磨時間的活動 ✦ 令人愉快的活動

《與成功有約》同時指出：高效能人士總是避免陷入第三和第四象限事務，因為不論是否緊急，這些事情都是不重要的，他們還透過花費更多時間在第二象限事務來減少第一象限事務的數量。

這個時間管理精髓非常棒，但對男孩來說略顯複雜，在

第四章
別放縱男孩的習慣，那是幫助他建構「與世界交手」的格局

操作過程中，我們簡化成「輕重緩急」，讓孩子具備時間管理的思維即可。建議從一年級開始，父母透過以下三點引導男孩規劃時間：

1. 協商引導；
2. 計畫具體；
3. 設定獎勵。

首先，父母要幫助孩子理解「目標」和「輕重緩急」的概念。例如，今天必須做的事：語文默寫、數學練習（學校布置，非常重要非常緊急），跳繩打卡、閱讀打卡（家庭布置，重要不緊急），以及畫畫、搭積木等孩子自己想做的事。

接下來，父母需要教導孩子，按照優先等級，先完成學校布置的作業，再完成家庭布置的作業，男孩肯定會討價還價要求玩遊戲，這時候，父母就要協助男孩把計畫具體化，鼓勵孩子盡快完成作業，為自己多爭取玩耍的自由時間。

為大家推薦一份「魔法時間表」，這個理念來自北師大科學與學習策略專家團隊，他們認為，比起按時間點去固定孩子的任務，用這種表更能引導孩子自主性規劃，用「魔法」的力量高效完成任務，擁有更多自由時間。

魔法時間表

任務類型	計畫完成時間	開始時間	結束時間	總結覆盤
語文默寫（重要緊急）	30 分鐘	18：00	18：40	1. 知識點全掌握 2. 玩橡皮擦走神 10 分鐘 解決方案： 1. 自由活動時間減少 10 分鐘 2. 走神時請媽媽提醒
數學作業（重要緊急）	40 分鐘	19：00	19：20	1. 專注認真高效完成 2. 出現 2 個小錯誤 解決方案： 1. 自由活動時間增加 20 分鐘 2. 增加檢查環節避免粗心出錯
自由活動	魔法時間	魔法時間	20：30	完成任務越快，擁有的魔法時間越多 鼓勵孩子高效管理，今日事今日畢

　　男孩透過這張表可以自己計劃完成任務的時間，並透過「開始時間」和「結束時間」的紀錄來關注自己的效率和專注力。重點是，父母要協助男孩在「總結」環節覆盤男孩的優勢、不足、掌握的重點、未掌握的重點、可進步的空間……鼓勵孩子專注高效完成作業，留下更多魔法時間做自己喜歡做的事。當然，男孩可能會提出一些疑問和意見，只要不違背「輕重緩急」的原則，父母完全可以把自主權交給男孩，並

第四章
別放縱男孩的習慣，那是幫助他建構「與世界交手」的格局

及時幫助男孩覆盤。當孩子慢慢理解了時間管理的概念，就能很輕鬆更新出適合自己的時間計畫。

當然，孩子不會一直積極，需要父母持續的鼓勵和引導，這時候，為孩子設定「獎勵」就顯得尤其重要。像我兒子非常喜歡超人力霸王，我們協商制定計畫後，我每天監督他完成任務，每日完成後給他蓋一個「表揚」印章，集齊 7 天表揚印章，則可以獎勵他看一部超人力霸王的電影，集齊 1 個月表揚印章，則可以獎勵他一包超人力霸王卡片。

因為計畫和獎勵，都是和男孩協商確定的，所以他的積極性非常高。當然，月度計畫、周計畫和日計畫，可以根據實際情況，協商改進調整。重點是，父母需要持續跟進，做好孩子的「助推手」，幫助孩子學會時間管理和堅持。

我的一位學生 CC，為她 5 歲的女兒設定了一個「英語打卡 100 天」的獎勵，每天堅持英語打卡 5 分鐘，可以得到一個非常漂亮的水晶杯。其實孩子過幾天就沒有興趣了，但CC 一直鼓勵陪伴，到後來，這項打卡變成了孩子的「睡前儀式」，不完成都不願意睡覺，100 天後，孩子成功拿到了水晶杯。

對孩子來說，這份獎勵意義非凡，不但讓她獲得了知識，更潛移默化懂得了時間管理和堅持的意義，而優秀的孩子背後，是優秀母親的默默堅持。雖然男孩的配合度可能沒

有女孩那麼高，但只要父母持之以恆，也一定能把男孩變成時間管理小達人。

把時間還給孩子，讓男孩承擔後果

教男孩認識時間，幫助他制定計畫，引導他根據實際情況調整和適應之後，父母要接受一個更大的考驗——讓孩子自己承擔自然的後果。

怎麼理解呢？即便我們幫助孩子制定了時間規劃表，約定好了早上 7 點起床，但在實際操作過程中，孩子總是會反覆，也並未能真正意識「拖延」的後果，這個時候，我們就可以使用自然後果法。

「自然後果法」，我們在第三章專門解釋過，這是法國教育家盧梭（Rousseau）提出的一種教育方法，盧梭說：「應該教會孩子從經驗中取得教訓，如果孩子有冒失的行為，你只需要讓他碰到一些有形的障礙或受到由他的行為而產生的懲罰，就可以加以制止。」

《忍住！別插手！讓孩子獨立的自我管理課》裡講述了一個「自然後果法」的故事：住在美國的 A 女士，每天早上 8 點要開車送孩子們上學，但孩子們從來不著急，一直看電視，到臨出門，才匆忙收拾東西。A 女士每天都要喊無數遍：「快點！要遲到了！」但一點效果都沒有。

第四章
別放縱男孩的習慣，那是幫助他建構「與世界交手」的格局

　　厭煩了催促的 A 女士決定用實際行動讓孩子明白，上學是他們自己的事情，時間也是他們自己的時間。她提前和孩子們說：「媽媽再也不會催你們快一點了，但是，媽媽每天早上 8 點準時開車出門，知道了嗎？」

　　孩子們當然回答知道了。但第二天，他們又把這事忘得一乾二淨，還是像往常一樣拖拖拉拉。這一回，A 女士沒有催促，一到 8 點，就準時開車走了。

　　孩子們目瞪口呆：「啊，媽媽真的開車走了？」這下子，孩子們明白是怎麼回事了。第二天，A 女士什麼也沒說，孩子們就以最快的速度準備好，在 8 點之前準備好一切，準時跟著媽媽出門了。

　　讓孩子自己承擔「不能管理好時間」的自然後果，他會意識到時間管理的自主性，以及尊重別人時間的重要性。從小培養孩子的時間觀念，引導孩子成為高效管理時間的小達人，會讓孩子受益一生。

學以致用

　　你的孩子會拖延嗎？思考一下孩子拖延背後的原因。

一件被證明能夠預言人生成功的事
── 讓男孩從小開始做家事

　　愛做家事的男孩，與不做家事的男孩，可能擁有截然不同的人生。

讓男孩做家事太麻煩了，他會讀書就行

　　寒假期間，學校開展了家事打卡活動，媽媽給鵬鵬安排了洗碗、掃地等簡單的家事，但鵬鵬每次都不願意配合，沒辦法，為了完成任務，鵬鵬媽媽只好讓鵬鵬拍了幾張擺拍照，勉強交差。鵬鵬媽媽心裡也很矛盾，一方面，她覺得孩子作業挺多的，做家事真的浪費時間，再說鵬鵬是男孩子，她覺得沒必要學做家事。

　　但另一方面，鵬鵬這衣來伸手、飯來張口，切好的水果都要送到嘴邊才吃的個性，讓她很擔憂。有時候，她也會使喚鵬鵬做點簡單的家事，如出門讓鵬鵬順便把垃圾帶下去，可鵬鵬總是找各種藉口，說「太重了」、「我來不及了」，她雖然生氣但更多是無奈，也因事情太「小」，她並不怎麼放在心上，總覺得孩子大了就會變好的。

　　直到班導和她談話：「鵬鵬輪值打掃環境，基本都掃不乾淨，垃圾袋也不會套，做完衛生，拖把掃把都亂丟，每次

第四章
別放縱男孩的習慣，那是幫助他建構「與世界交手」的格局

都需要老師和同學再返工。」班導特別提醒她：「不能光關注成績，孩子的責任感也很重要，生活能力更不能忽略。」鵬鵬媽媽覺得很有壓力，開始焦慮起來，實在不知如何是好。

其實，很多父母都和鵬鵬媽媽一樣，並沒有真正意識到孩子做家事的價值。有人曾經分享過一件趣事，說他一位朋友的兒子，去倫敦讀大學，有一天半夜突然打電話給媽媽：「媽，熱水器不熱了。」他媽媽哭笑不得，把這件事當笑話講給大家聽。

旁人感嘆：「只有媽媽才會把這件事當笑話講。」一個男孩子，都出國留學了，竟然還因為這點小事，半夜向媽媽求助，這種情況不由讓人想起一句話：「一屋不掃何以掃天下？」

育兒專家更直言：「要教會孩子分享，包括食物，也包括家事，媽媽上班累了叫孩子拿鞋、倒水，讓孩子理解，爸媽照顧我、我照顧爸媽是應當的。責任感需要承擔，如果孩子從來都不承擔家裡的事，對家庭都沒有責任感，你老了還能指望孩子會多麼孝順你，對社會有多大的責任感嗎？」

我們因為愛，不捨得讓孩子做家事，但事實上，越愛孩子就越要讓他做家事。那麼如何引導男孩做家事呢？

父母「狠一點」，多把家事丟給男孩

《華人世界》曾報導過一位透過家事教育把兒子們培養成億萬富翁的華裔媽媽。她的大兒子 Justin 畢業於耶魯大學，建立了市值 9.7 億美金的影片串流平臺 Twitch；二兒子 Daniel 研發自動駕駛汽車，其技術被通用汽車以 10 億美金收購。媒體採訪時，兩位億萬富翁表示：他們之所以成功，是因為從小做家事。

Justin 媽媽安排家事很有一套，她總是列一張家事清單，讓孩子們自己協商和選擇做什麼，只要單子上的家事沒做完，孩子們就不許玩。

男孩當然沒那麼聽話了，被媽媽「強迫」的 Justin 說：「我們都覺得這樣很不公平，但做家事確實教會了我們很多東西，它讓我們從『只考慮自己』變成了『了解我們的責任』，也讓我們意識到自己是個團隊。我想，我開公司的經驗就來源於做家事。」

Justin 媽媽除了讓兒子分擔家事外，還把兒子當作「勞工」。媽媽曾做過房地產經紀人，需要在週末維修破爛的出租屋和家具，每次，她都帶著兒子們，粉刷房屋，修理桌椅，打掃環境，去完成那些瑣碎的維修房屋的工作。

Justin 回憶：「幫媽媽做事壓力很大，也很痛苦，但我永遠也忘不了當我們一邊刷房子一邊抱怨的時候，她告訴我

第四章
別放縱男孩的習慣，那是幫助他建構「與世界交手」的格局

們，生活在某種程度上就是痛苦的，但它同時也很美好，你必須接受好處和壞處共存，你不能消除糟糕的部分，否則好時光也會變得沒有意義。」

當然，或許你會說個案不能代表一切。事實上，家事給孩子帶來好處是有研究證據的。哈佛大學自 1983 年追蹤了 700 名快樂及成功的人士，發現此類人最大的共同點是自小做家事。

另外，明尼蘇達大學家庭教育研究教授 Marty 發表了一項震撼教育界的研究成果。研究證明，家長透過鼓勵孩子參與家事勞動，就能對孩子的未來施以極為重要的積極影響：能培養孩子責任感，讓他們學會設身處地地為他人著想，習得關愛他人的同理心；能促進孩子大動作和精細動作技能的發展，讓孩子變得更聰明；能透過為家庭做家事勞動，讓孩子提高感受幸福的能力；從長遠來看，從小在家事中承擔積極的角色，還能讓孩子未來擁有更幸福的婚姻。

所以說，越愛孩子，越要捨得讓孩子做家事。

父母「趣」一點，把家事變成好玩的遊戲

孩子越小，好奇心越大，包括做家事，而且，當好奇心得到滿足的時候，孩子是會非常有成就感的。遺憾的是，很多父母不願意把做家事的機會給孩子，因為帶著孩子做家事

太麻煩，不但家事做得慢，有時還會越做越亂。事實上，《蒙特梭利家庭方案》專門提出：「可以帶著孩子一起做家事，雖然完成家事的時間更長了，但我們同時也給了孩子最有益的啟蒙教育和最寶貴的親子實踐，可謂一舉多得。」

如果男孩輕鬆慣了，自然不願意去做「無聊」的家事，這時候就更考驗父母的教育耐心，需要透過花費更多的時間精力把家事策劃成遊戲，帶著孩子一起玩。

最近，有一種小型的廚具玩具非常討孩子喜歡，這套迷你小廚具非常小巧，最大的鍋也就成人的巴掌大，但是爐灶、鍋鏟、各種調料一應俱全，重點是功能齊全，真的能點火能做飯。有父母就說：「這鍋真行，我家不愛吃飯的小飯渣，用這個鍋給自己做了鍋火腿腸炒飯，全吃了。」

其實，這就是遊戲給孩子帶來的樂趣。值得思考的是，如果孩子可以透過炊具玩具給自己做飯吃，那為什麼父母不直接把做飯當作遊戲，和孩子一起玩，讓孩子自己真正做一頓飯呢？這帶來的成就感可非同一般。其實，把家事變成遊戲，也很簡單。

1. 盲盒抽家事

把家裡需要做的簡單家事（孩子能勝任的），比如洗碗、澆花、洗菜、收拾衣服等家事，寫在小紙條上，裝在盒子裡，和孩子一起玩抽盲盒的遊戲。注意，不是孩子一個人抽

第四章
別放縱男孩的習慣，那是幫助他建構「與世界交手」的格局

盲盒，是父母和孩子一起玩這個遊戲，一起做家事，群策群力，把家整理得更漂亮。這個方式也可以換成家事清單，由大家自主選擇，協商完成。

2. 家事故事化

父母帶著調皮男孩做家事時，男孩未必會那麼聽話，這時候，父母就可以把家事故事化，也可以設計一些比賽的環節，激起男孩的好勝心，讓他參與進來。比如疊衣服，可以玩「配對」的遊戲，看誰又快又好把襪子匹配好；洗碗的時候，可以玩「垃圾大作戰」的遊戲，一起把垃圾趕跑，洗出一個個乾淨的大白碗。諸如此類，父母可以創意出非常多的家事遊戲。

當然，我們的重點不是「玩」，而是以此增加家事的趣味性，培養孩子做家事的主動性，目的在於讓孩子把做家事當成一種習慣。和孩子一起「玩」家事，父母確實會更累更辛苦，但孩子真正需要我們的時間就那麼幾年，我們就把這些家事遊戲當作難得的快樂家庭時光吧。

父母「懶」一點，布置家事指令要清晰

要注意的是，即便和孩子一起「玩」家事遊戲，但父母還是要「懶」一點，具體問題具體分析，少動手多動嘴，透過遊戲規則，將布置家事的指令說清楚，讓孩子了解怎麼「玩」家

事，怎麼闖關成功，獲得成就感。

《養育男孩》一書中提到：睪丸激素會對大腦產生影響，使男孩更關心等級差別，對競爭更感興趣。所以，男孩需要懂得三件事：

1. 誰負責；
2. 規則是什麼；
3. 規則能否得到公正執行。

我在給我兒子布置家事的時候，就吃過指令不清的虧。

我兒子每天下午 3 點放學，我都會提前給他準備一些點心，後來我突然想到，其實我完全可以和他一起準備「下午茶」。有一次，我就邀請他做水果沙拉，並提出要求 —— 做一盤四種顏色、四種造型的水果沙拉。

他很有興趣，並把我趕出廚房，不准我偷看，說要給我準備一個驚喜。他玩得很開心，把香蕉切成小圓片，把小番茄對半切，又把柳橙切成小正方形，最後把楊桃切成五角星形，擺好盤後，還特意撒上沙拉醬。他的速度不錯，總體來說，做得又快又好，他還準備了兩把不同顏色的叉子，邀請我一起吃。

我們吃得很開心，我對他進行了熱烈的表揚：「你做的水果沙拉真是太好吃了，顏色搭配得好漂亮，造型也擺得很好看，沙拉醬也放得正正好。」他獲得了極大的滿足感和成就

第四章
別放縱男孩的習慣，那是幫助他建構「與世界交手」的格局

感，眉開眼笑地把以前不吃的楊桃都吃了。

但洗碗的時候，他不願意了：「媽媽，你只說了做水果沙拉，又沒有說要我洗碗。」我只好作罷，但回到廚房的我嚇了一大跳，只見切剩的水果皮扔得四處都是，水果刀和砧板還扔在水槽，用過的沙拉醬連蓋子都沒擰回去。

我趕緊把他叫回來重做，他拒絕了：「媽媽只叫我做水果沙拉，我不想做衛生。」我只能自己替他收拾殘局。但那次「失敗」經歷讓我意識到，男孩的思維非常簡單，典型的一根線思維，但我們可以藉此培養他的全盤思考能力，比如，我可以在一開始布置家事的時候，給他更清晰的指令：

1. 挑選四種顏色、四種造型的水果；
2. 製作沙拉；
3. 把廚房收拾乾淨，端沙拉上桌。

下一次我布置給他做抓餅的下午茶任務時，我清晰地把前中後三個步驟都和他說好了，結果很驚喜，他做完抓餅後，也及時清理乾淨了氣炸鍋。

做家事這件事，我是典型的反面案例。我的媽媽一直很嬌養我，當然，我非常愛我的媽媽，也理解她對我的愛。但客觀來說，愛和「培養」是可以分開的，愛可以允許孩子不做，但培養讓孩子具備獨立的能力，這非常重要，畢竟，孩子不可能永遠生活在父母的庇護下。

實事求是地說，嬌生慣養的養育方式讓我成了一個生活能力為零的「白痴學霸」，我學習理論的能力很強，但零動手能力給我帶來很多實際壓力，尤其是我無奈回家當全職媽媽後，連飯都不會做的低價值感一度讓我的生活和身心都陷入混亂。

當然，家事可以現學，也有越來越多高科技可以輔助，但零生活能力引發的一系列「自我否定」會讓人陷入無休止的焦慮和迷茫中，我確實花了很長時間才慢慢走出「低價值」的惡性循環。這也讓我深刻意識到，越愛孩子，越要讓孩子多承擔家事，在做家事的同時，鍛鍊自己的各項能力。

美國發展心理學家說：「今天的家長都想讓孩子把時間花在能為他們帶來成功的事情上，然而，具有諷刺意味的是，我們卻正在拋棄一件已被證明能夠預言人生成功的事 —— 那就是讓孩子從小開始做家事。」那麼，從今天開始，讓男孩認認真真把家事做起來吧！

學以致用

那麼，我們可以給孩子安排什麼家事呢？下面為大家推薦各個國家的家事清單供家長參考。

第四章
別放縱男孩的習慣，那是幫助他建構「與世界交手」的格局

德國孩子的家事清單

據統計，20%的德國家庭在兒童剛滿週歲時就開始教他們做家事，最常見的就是剝豆莢和餵貓食。

學齡前的兒童可安排：取報紙、澆花、擦桌子、掃地。

6～10歲的兒童可安排：輪流洗餐具、垃圾分類並丟入指定垃圾箱。

10～14歲的少年可安排：洗衣服和做家常菜、幫助父親打理花園或菜園、擦洗自己和家人的鞋子、清洗腳踏車。

14～16歲的少年可安排：家庭大掃除（主力軍）。

日本6～7歲孩子的家事能力清單

家事能力初級標準：疊簡單的衣服、飯前擺碗筷、擦拭桌椅、整理門口的鞋子，能禮貌接聽電話並通知大人，取來信和報紙。

家事能力中級標準：在家附近購買不找零的單件物品、倒垃圾、端盛有食物的碗盤、飯後收拾碗筷、掃地、自己洗手帕。

家事能力高級標準：能在附近的超市購買一兩件物品；盛飯；幫家人擦皮鞋；會疊好洗晒後的衣服並放在固定的地方；有電話和訪客時，能應對自如，並且會轉達留言。

一件被證明能夠預言人生成功的事—讓男孩從小開始做家事

美國孩子的家事清單

9～24個月：自己扔尿布；

2～3歲：扔垃圾，整理玩具；

3～4歲：刷牙，澆花，餵寵物；

4～5歲：鋪床，擺餐具；

5～6歲：擦桌子，收拾房間；

6～7歲：洗碗盤，獨立打掃房間；

7～12歲：做簡單的飯，清理洗手間，使用洗衣機，拖地板。

思考：你家的小寶貝幾歲了，承擔了什麼家事呢？

第四章
別放縱男孩的習慣，那是幫助他建構「與世界交手」的格局

第五章
別忽略男孩的性教育，
那是教會他「理解尊重」的根源

第五章
別忽略男孩的性教育，那是教會他「理解尊重」的根源

小男孩更需要性教育，一定要讓爸爸趁早介入

男孩的性教育，越早越好。

「我家是男孩，不需要性教育？」

有一回，我和朋友看到「小女孩被熟人性侵」的新聞，朋友感嘆：「還好我家是男孩，沒這方面的顧慮，我家要是女兒那可真是操不完的心。」

我趕緊說：「你錯了，男孩更需要操心。」

男童的性侵案件更具有隱蔽性，也因此，男孩的性教育刻不容緩，越早越好。另外，父母對男孩進行性教育，除了讓男孩懂得自我保護之外，還有一個非常重要的點，就是要教會我們的男孩懂得什麼是隱私，更懂得尊重女孩。

有一個讓人心痛的新聞：曾經有間書店，一個 10 歲的男孩，掀開一個 5 歲女孩的裙子，觸控女孩的私密部位，又誘騙女孩觸控自己的私密部位，甚至還想把女孩帶到廁所……，幸好女孩媽媽及時發現，阻止了這場悲劇。縱然這個年齡層的孩子，對身體充滿了好奇和探索，但顯而易見，這個男孩的家庭教育是非常失敗的，這樣缺失性教育的男

孩，很容易傷人也傷己。

不管是男孩還是女孩，都是父母的寶貝，在孩子的成長過程中，父母要給孩子提供很多教育，但我認為，最重要的永遠是 —— 保護好自己，不傷害別人。

所以，家有男孩的父母，需要意識到性教育對男孩的重要性。兒童性教育專家指出「：0 ～ 6 歲的幼年時期，7 ～ 10 歲的性發育潛伏期，以及 10 ～ 20 歲的青春期，不同成長階段，性教育的方式有所不同，但孩子的性教育，越早越好。」如何對男孩進行性教育，給大家分享三個方法。

像認識耳鼻口一樣，教男孩自然認識私處

很多父母望子成龍，孩子剛出生沒幾個月，就會買各種圖畫卡，教孩子認識鼻子、眼睛、嘴巴，但幾乎沒有父母會如此自然地告訴男孩：「這是陰莖。」事實上，對父母來說，最自然的性教育就是，像教男孩認識眼睛鼻子一樣，去認識私處。

當然，3 歲以下的孩子，還處於自我探索的初級階段，父母的性教育只需要簡單讓孩子知道男孩女孩的區別就行。我兒子在 2 歲多的時候非常可愛，有一回，他蹲下小便，我教他要像爸爸一樣站著小便，我問他：「男孩子站著尿尿，女孩子蹲著尿尿，你是男孩子還是女孩子呀？」他哈哈笑：「我是小孩子。」

第五章
別忽略男孩的性教育，那是教會他「理解尊重」的根源

　　雖然好笑，但這也說明，3 歲以下的孩子對性別的概念是模糊的，而這個階段，也是父母可以透過繪本等器官畫冊，最自然地向孩子介紹私處的階段。

　　3 歲之後，我們就需要引導男孩懂得隱私的概念。

教孩子懂得隱私的概念

　　首先，讓男孩知道什麼是私密部位。父母可以形象地告訴孩子：男孩穿游泳褲遮擋住的部位，女孩穿泳衣遮擋住的部位，就叫私密部位。

　　其次，我們要非常嚴肅地告訴孩子，這些部位是不可以給別人看、給別人摸的，如果有人看了或者摸了這些部位，一定要馬上告訴爸爸媽媽。

　　接著，我們也要告訴男孩，也不可以去看或者碰別人的私密部位。

　　我們也可以透過畫畫等親子遊戲，加深孩子對私密部位的印象。

小男孩更需要性教育，一定要讓爸爸趁早介入

畫畫親子遊戲

遊戲	認識身體的私密部位
材料	A4 紙，彩筆
步驟	1. 引導孩子討論男孩和女孩的身體有什麼不同，尤其要討論生殖器官和乳房部位的不同 2. 引導孩子在 A4 紙上畫出一個不穿衣服的男孩和女孩 3. 引導孩子尋找私密部位並畫出紅色叉叉，再次強調不可以讓別人看或者摸這些部位，如果有人看了或者摸了，一定要馬上告訴爸爸媽媽 4. 再次嚴肅強調，絕對不可以去看或者碰別人的私密部位

當然，除了私密部位，父母在日常教育中，也需要引導孩子懂得身體的界限，可以透過讀《不要隨便親我》、《不要隨便抱我》系列繪本，加強孩子對身體的自我保護意識。

尤其是六、七歲的男孩，開始關注身體，有了害羞的情緒，其實是不太喜歡被親、被抱的，但「身體界限感」不強的男孩就不太敢拒絕。像我兒子，6 歲多的時候去學游泳，教練很喜歡他，會在他游得不錯的時候，抱起他對著他的小臉親一口，表示喜歡和鼓勵。

我兒子很不喜歡，但他不好意思拒絕，每次只懂得簡單地縮著身體躲避，事後用手擦被親過的臉龐。我問他：「你不喜歡被教練親是嗎？」他覺得教練親他是喜歡他，如果拒絕他是不禮貌的，為此，他還特意解釋：「我不喜歡口水在臉上的感覺，我不喜歡被親，爸爸親媽媽親我也不喜歡。」

我鼓勵他：「嗯，你做得很對，不管是誰，只要是你不喜

第五章
別忽略男孩的性教育，那是教會他「理解尊重」的根源

歡的，你都可以拒絕，大聲告訴對方，不要親我。」得到支持的他，再被教練親，就大聲拒絕：「我不喜歡被親。」教練也很理解，後來就把鼓勵的方式改成了口頭表揚。

同理，父母在親男孩被拒絕時，也要記得及時停下，並肯定男孩：「雖然媽媽很想親你，但媽媽應該尊重你的意見，你不喜歡的時候我不可以親你。」這樣被人尊重過身體界限感的男孩，也就更有勇氣自我保護，在以後的人際交往中，會非常有分寸感和界限感，能發自內心尊重別人。

藉助繪本，科學又溫馨回答「男孩從哪裡來」

當男孩問：「媽媽，我是從哪裡來的呀？」很多父母已經不會再用「垃圾桶」、「胳肢窩」等玩笑來回應了，但依舊無法自然又科學地解答男孩的疑惑。

真的要好好向孩子說明還是蠻難的。首先，我們需要讓男孩認識「睪丸和精子」，了解「卵巢和卵子」；然後還需要告訴男孩，爸爸的精子和媽媽的卵子，這兩種生命之源結合在一起，才能有小生命；再解釋，等小生命在媽媽的子宮裡長大，就會經過媽媽兩腿中間的一條「寶寶出生之路」來到這個世界。科普完後，也要記得告訴男孩：「你，你的朋友，所有人都是這樣出生的，每個人都是寶貴的生命。」

這裡就涉及幾個難題，一是父母不好意思給男孩介紹；

二是父母無法言簡意賅地讓孩子理解這些性知識。所以，我強烈推薦經典繪本《小雞雞的故事》。這本繪本的特色是，將嚴肅的科普知識解釋得既專業又溫馨，配圖非常直接有趣，從「認識身體」、「區別男孩女孩」，再到「私密部位」、「我從哪裡來」，所有涉及男孩性教育需要的知識，這本書一應俱全，解釋得很清晰。

這本繪本適合 3 ～ 6 歲的男孩，這個階段的男孩，父母讓其理解關於性知識的基礎科普即可，但對於再大一些，尤其進入青春期的男孩，媽媽就需要及時退位，讓爸爸及早介入，多關注男孩的身體變化和心理變化，讓男孩和男人溝通「成為男人的祕密」。

大男孩的性教育交給爸爸，記得越早越好

為什麼要把 6 歲以上男孩的性教育交給爸爸？首先，當然是為了避免尷尬，即將進入青春期的大男孩，如果與媽媽討論和性相關的話題，會非常不自然；其次，是媽媽本身並沒有相關經驗，也無法和男孩交流經驗。所以，6 歲以下的孩子，父母合作教育是非常完美的，但 6 歲以上，盡量把孩子交給同性父母教育，注意，這裡的教育並不是指一方父母撒手不管，而是指在雙方共同努力的前提下，一方具體去操作，比如「性教育」方面的細節問題，把女孩的性教育交給媽

第五章
別忽略男孩的性教育，那是教會他「理解尊重」的根源

媽，把男孩的性教育交給爸爸，會更自然。

現在的男孩普遍發育得早，在男孩 10 歲左右時，爸爸就可以提前為男孩選擇一些關於青春期發育的書籍，讓男孩提前了解自己可能遇到的身體變化，做好心理準備。在這裡，也為大家推薦一部劇《父與子的性教尬聊》，這部劇共有 5 集，每集十幾分鐘，一集解決一個性教育難題，形式一點都不尷尬，也不難懂，內容非常風趣且實用，既可以單獨安排給男孩看，也可以父子倆一起看。

當然，這樣的教育，爸爸一定要趁早安排。畢竟，現在可沒幾個進入青春期的男孩，還願意和父親一起看這種教育劇。

除此之外，爸爸還要注意觀察男孩的身體變化，主動找機會和男孩溝通青春期夢遺的問題。肯定十個爸爸中有九個都會覺得尷尬，這事就連性教育專家胡老師的丈夫，都覺得「壓力山大」。

當時，胡老師的兒子上國一，13 歲，看他不斷發育的身體，胡老師趕緊提醒丈夫，單獨和兒子談一下夢遺的問題，避免孩子在這個階段因為生理發育引起心理負擔。胡老師的丈夫覺得尷尬又為難：「你是性教育專家，你和他談吧！」

胡老師當然拒絕了，男孩的性教育就要交給爸爸，為了讓父子倆能溝通順暢，胡老師提供了非常好的性教育溝通模板。

首先，選一個晚餐後的輕鬆時間，父子倆單獨去散步。

然後，爸爸直接進入主題，和男孩溝通：「兒子，爸爸在你這個年齡的時候，身體開始出現一些變化，比如，有一天早上起床時，發現內褲上有一些黏黏的液體，這就是我們身體裡流出的精液，醫學上叫做『夢遺』。夢遺是男人長大的現象，是非常正常的，我不知道你有這個變化了嗎？」

這時候爸爸要非常認真地注意男孩的反應，如果男孩回答說自己也夢遺了，爸爸就可以接著說：「祝賀兒子，你長大成人了，是個男人了。」如果男孩回應自己還沒出現夢遺，爸爸也可以回覆：「每個人的成長時間不一樣，我們做好準備，很快你就會像爸爸一樣，長大成人的。」

非常重要的一點是，爸爸要繼續灌輸正確觀念：「夢遺後要清潔生殖器和換洗內褲，因為精液容易滋生細菌，如果夢遺後一直不換洗內褲，也不清潔生殖器，容易引起生殖器的感染。」同時，爸爸也別忘記責任感的教育：「男孩夢遺，就意味著是男人了，身體開始產生精子，有了生育能力，如果和女性有親密行為，就可能使女孩懷孕，這可是青少年沒辦法承擔的後果。所以，大男人了，一定要注意，面對青春期的衝動，凡事要三思而後行，做對自己和他人負責任的事情。」

很多爸爸會難為情：「說這麼直接？多尷尬呀。」其實，不止爸爸尷尬，男孩也會覺得不好意思。胡老師的兒子，在

第五章
別忽略男孩的性教育，那是教會他「理解尊重」的根源

爸爸和他溝通這些事的時候，就不太配合，不願意和爸爸進一步交流。但胡老師表示：「男孩的態度不重要，重要的是，爸爸要把準備充足的知識告訴男孩，男孩不配合大多是因為害羞，但爸爸說的話，男孩是會聽進心裡去的。」

當然，我們會發現，親子關係越好的家庭，父母子女關於性教育的問題就越輕鬆自然。總之，父母越愛男孩，越要趁早讓男孩學會自我保護，及尊重別人。

學以致用

國際性教育專家給不同年齡層男孩的性教育建議

0～3歲：解決性別認同問題，引導男孩認識自己的身體。

3～6歲：男孩開始對身體出現強烈的好奇心和求知欲，父母要在這個階段為他普及性教育基礎知識，引導男孩了解私密部位，學習自我保護，及尊重他人身體隱私。

6～10歲：男孩身體發育加快，理解能力增強，這個階段，可以以父親為主，為男孩講解更細緻的性教育知識，讓男孩了解孕育後代的知識點。

10～14歲：男孩開始進入青春期，不管從身體到心理，都開始發生顯著變化，會陸續出現夢遺、自慰和性幻想等性行為，甚至開始出現早戀。這個

階段，一定要以父親為主，主動為男孩提供相關性教育知識，幫助男孩順利應對青春期變化，引導男孩理性對待性和愛，懂得自我保護，並懂得尊重女性。

思考：你家的男孩問過「我從哪裡來」的問題嗎？爸爸是怎麼回答的？

第五章
別忽略男孩的性教育，那是教會他「理解尊重」的根源

4歲男孩還愛摸媽媽乳房？注意！父母一定要趕快調整育兒方式

為人父母，要接納男孩的感受，但一定不要接納男孩的異常行為。

「愛摸乳房的4歲男孩，是耍流氓嗎？」

4歲的瑞瑞有個壞習慣，睡覺的時候，一定要摸媽媽的乳房才能入睡，到後來，更是發展到，不管時間地點，一想摸，就上手扒媽媽的衣服。瑞瑞媽媽也很發愁，但不管她怎麼勸說，瑞瑞就是改不掉這個壞習慣。

更令人意外的是，瑞瑞後來竟然還會去摸外婆的乳房，而且是在大庭廣眾之下，只要他想摸，就很自然地摸上去了。為這事，瑞瑞爸媽總吵架，爸爸怪媽媽：「都怪你慣著他，你看他以後出去耍流氓怎麼辦？」媽媽也很委屈，她打過罵過，可一不讓摸，瑞瑞就哭天喊地，她也很頭痛。

4歲孩子當然不是耍流氓，但父母不好好引導，長大後或許就是真流氓，甚至引發嚴重的心理疾病。就像兒童性教育專家所說：「4～5歲是孩子戀父戀母的高峰期，媽媽的乳房對孩子的寓意不同，已然成為孩子滿足性衝動的一個工

198

具，如果這個階段，孩子可以隨意撫摸媽媽的乳房，而父母沒有正確引導、及時制止，對孩子脫離戀父戀母的心理發展是不利的。」

當然，我們不能只看到男孩的那隻「手」，更要關注男孩的整個「人」。當男孩有異常表現時，我們更要透過現象看本質，先了解為什麼，再研究怎麼辦。

很顯然，男孩異常行為背後，需要我們審視自己的教育方式。一般來說，男孩迷戀媽媽的乳房，有可能是養育方式出了問題。

1. 未滿足男孩對身體的好奇

男孩從 2 ～ 3 歲開始，會對自己的身體、別人的身體產生巨大的好奇，由此，會產生一系列「流氓行為」。比如，摸媽媽的乳房、摸爸爸的生殖器、偷看父母洗澡、非要和父母一起上廁所……，如果這個階段父母沒有及時滿足男孩的需求，解答男孩的困惑，就很容易讓男孩養成一些壞習慣。

2. 離乳方式不恰當引起的安全感缺失

2 歲多的禾禾，斷奶後，不但愛摸媽媽的乳房，還愛摸奶奶的乳房。奶奶常抱怨：「人家斷奶都很容易，我家這個實在麻煩。」其實，禾禾是被強制斷奶的，為了斷奶，媽媽躲到外婆家，母子倆被強制隔離，禾禾哭了一個多月才接受斷奶。

第五章
別忽略男孩的性教育，那是教會他「理解尊重」的根源

這樣的斷奶方式，是很多老人推崇的辦法，但並不可取。事實上，對孩子來說，斷奶換新的食物不可怕，更令孩子害怕的是，他擔心永遠失去媽媽，又以為是自己的原因導致媽媽離開而感到愧疚，這種複雜而矛盾的心理，會給孩子帶來更多傷害。

3. 媽媽不捨得與孩子分離

有個叫一一的 3 歲小朋友，他有個怪癖，喝水一定要躺在床上，摸著媽媽的乳房才喝，媽媽頭痛得不得了，只能請育兒師幫忙。一開始，大家都以為是一一的問題，到後來，才發現其實是媽媽的問題。她全職帶一一，總說一一黏她無法離開她，但事實上，是媽媽和爸爸的關係不好，她潛意識裡把一一當作情感寄託，渴望孩子更多的撫摸和依賴。換句話說，並不是一一不具備獨立能力，而是媽媽不想讓孩子長大。在媽媽的影響下，一一也沒有邁出心理成長的第一步，始終無法脫離與媽媽共生的狀態。

回到前面瑞瑞的問題。經過溝通，瑞瑞媽媽認為，瑞瑞之所以愛摸媽媽的乳房，應該是第一和第二個原因，在「瑞瑞離乳」和「對身體好奇」期間，媽媽沒有處理得很恰當，為此，媽媽後悔不已。事實上，我們都是第一次當媽媽，自然會有很多失誤的地方，但沒關係，只要用心，都有機會調整。下面，我們從三個方面來和大家分享。

順其自然，滿足男孩對身體的好奇心

2～4歲的男孩，自我意識開始不斷增強，開始對身體產生極大的好奇，他們會用語言和行動發出訊號：我想了解我的（你的）身體。所以，這個階段的男孩會出現很多「自摸」或者「摸他人」的「奇葩」行為，很多父母認為這是不衛生且不禮貌的行為，會馬上阻止，實際上，這恰恰是對男孩進行性教育的好機會。

父母不需要額外找機會，只需要順其自然地在男孩提出問題時進行解答即可。尤其是小男孩提出要看父母的身體時，父母可以安排一些一起洗澡的機會，很自然地滿足男孩對於身體的好奇，父母像介紹眼睛鼻子一樣，坦然地給男孩介紹男女身體的不同器官，包括性器官。

當然，這個環節，會有很多異性父母無法接受，我們也不必勉強。另外，6歲以上的孩子，我們也不建議透過洗澡的方式和孩子「坦誠相見」。這種情況，我們可以藉助「身體圖畫」等繪本或生理書籍，滿足孩子對身體的好奇。

當男孩「對身體好奇」的需求得到滿足，是可以很快度過這個時期的。但是，如果這個階段男孩沒有得到答案，他的內在心理層面就容易在這個階段「卡頓」。

第五章
別忽略男孩的性教育，那是教會他「理解尊重」的根源

接納男孩的感情，但不接納摸媽媽的行為

父母，尤其是媽媽非常需要記住的是，當男孩對媽媽的身體表現出極大迷戀的時候，媽媽一定要從語言到行動，堅定地拒絕。

某本書講述過這樣一個真實案例。一個 5 歲的男孩，每天晚上睡覺前一定要摸媽媽的乳房，雖然孩子從小就這樣，但媽媽發現孩子不對勁了。男孩現在摸媽媽的乳房，會兩手搓揉，而且伴隨很激動很興奮的表情，有時候甚至小雞雞都會變硬。媽媽自己都感覺：「看他的表情不對勁，像男人不像孩子。」

遺憾的是，媽媽的拒絕非常無力。她從兒子四歲半的時候開始拒絕，但每次面對兒子的撫摸，她的說辭都是：「從下週一開始就不可以再摸了。」孩子每次都爽快答應，但每到下週一，又照舊，反反覆覆，到現在也斷不了。

聽起來，這是一個令媽媽無奈的難題。但事實上，從心理學的角度分析，這是一段很畸形的親子關係，在長達幾年的關係中，孩子透過媽媽的身體達到自己性滿足的目的，而媽媽的「順從」其實也是在潛意識裡享受和兒子親密的互動。這種情況，無法讓男孩順利度過和父母分離的階段，對男孩的成長是非常不利的。

如果家有愛摸媽媽乳房的男孩，媽媽一定要注意，是不

是和丈夫遇到了情感方面的障礙，所以潛意識裡會允許「孩子摸乳房」的行為？這個問題，需要媽媽自己去解決，但在育兒方面，媽媽一定要認真審視自己的育兒方式，將解決問題的重點放在轉變育兒方式上，而不是糾纏於孩子的行為。

媽媽可以接納男孩對自己的愛，但一定要拒絕男孩的不良行為。心理學家魯道夫・德瑞克斯（Rudolf Dreikurs）曾在《孩子：挑戰》一書中說過：「孩子很小的時候，就會透過觀察父母的行為來決定自己的做法，所以重要的不是我們怎麼說，而是怎麼做。」當媽媽堅定拒絕男孩的摸乳房行為時，男孩自然也會停止這些舉動。

當然，這個過程中，爸爸也應該積極發揮自己的作用，更多地關心媽媽和孩子，在孩子無法獨立入睡、非要媽媽陪睡的狀態下，爸爸可以代替媽媽，陪伴男孩入睡。男孩的養育，不能缺少爸爸，家庭的責任，更需要爸爸媽媽一起承擔。

準備好替代品，給男孩留一個過渡期

在拒絕男孩摸乳房的初期，男孩肯定會大哭大鬧，但沒關係，為了及時糾正男孩的不當行為，適當的「狠心」是非常必要的。當然，狠心之外，父母也需要講究些方式方法，幫助男孩更好地過渡，而最好的方式就是，給男孩找一個替代品。

第五章
別忽略男孩的性教育，那是教會他「理解尊重」的根源

　　心理治療師金韻蓉，講過一個她姪女的故事。她姪女每逢備考，總要拿著從小蓋著的破被子圍住自己來複習，每次這樣就覺得去考試很有信心，父母都很焦慮，擔心孩子是不是沒有安全感。金韻蓉表示這很正常，觸覺是孩子接觸世界最早使用的方式，所以幼兒喜歡摸媽媽的乳房、耳朵或者其他部位睡覺，這時候，找一個替代乳房的依戀物，可以讓孩子更快地熟悉世界。

　　同樣，我們也可以給男孩尋找到這樣的替代品，比如，媽媽準備的安撫巾，孩子喜歡的小布偶等。衡量的標準在於，以男孩喜歡為宜。

　　比如瑞瑞，他非常喜歡小貓，於是，媽媽和他溝通協商，由他挑選一隻喜歡的小貓玩偶，以後就抱著小貓玩偶入睡，瑞瑞很開心地答應了。但是，在實際操作中，瑞瑞很快就「說話不算數」了，爸爸陪睡不行，小貓玩偶陪睡也不行，媽媽躺在旁邊也不行，就一定要用小手摸著媽媽的乳房才睡，但這一次，媽媽非常堅定，不管瑞瑞怎麼央求哭鬧，都堅決不允許他碰，這一晚，瑞瑞折騰了兩個多小時才睡著。後來，瑞瑞又折騰了一個多星期，才終於接受了不能摸媽媽乳房的事實，開始抱著小貓玩偶睡在自己的小床上。

　　這個過程，除了媽媽要「狠心」之外，也要注意向男孩傳輸觀點：「媽媽很愛你，但摸乳房是不對的，媽媽不能接受，

你現在長大了，可以自己睡了，你很棒。」

繪本《乳房的故事》有這樣一段話：「雖然我已經長大，可有時，還會想摸一摸媽媽的乳房，不高興、寂寞、傷心的時候就想要摸一摸。」我們要理解男孩的需求，接納男孩的情緒，但注意，一定要「狠心」拒絕男孩不太合適的行為，這個時候，請父母一定好好抱抱他、親親他，告訴他：爸爸媽媽愛你，無論你遇到什麼事，我們都會陪伴在你身邊，和你一起找到更多方式，發現新的快樂！

學以致用

看案例學知識

一名20歲的成年男性，還是喜歡摸媽媽乳房睡覺，你敢信嗎？這是我們遇到的真實心理案例。這名男子在外省上大學，必須抱人形玩偶睡覺才不會心慌，每次回家一定要和媽媽一起睡，摸著媽媽的胸就覺得很幸福。

爸爸媽媽都很無奈，他自己也覺得很變態，但就是改不掉。回溯他的童年，我們就會發現問題所在，他從小就喜歡摸著媽媽的乳房睡覺，中間有無數次機會可以戒掉，但媽媽太慣著他，尤其是高三壓力大，必須摸著媽媽才能睡著，媽媽一心軟，他就徹底戒不掉了。

第五章
別忽略男孩的性教育，那是教會他「理解尊重」的根源

遺憾的是，媽媽的「愛」和心軟，終究害了他，對
20 歲已成年的他來說，這已經不是簡單的壞習慣
的問題，而是非常嚴重的心理疾病，給他的生活和
工作甚至人際交往都帶來了非常大的影響。試想一
下，如果他的爸爸媽媽能在他幼時意識到，這是一
種錯誤的育兒方式，是不是能及時止損，讓男孩健
康成長呢？

「我要和媽媽結婚」，
2招幫男孩度過婚姻敏感期

男孩婚姻敏感期過渡得越好，未來的情感體系就建構得越健全。

兒子說：「媽媽，我最愛你，我要和你結婚。」

朋友很發愁，她的寶貝兒子最近不知道怎麼了，突然對她高調「示愛」：「媽媽，我最愛你，我要和你結婚。」一開始，朋友還挺高興的，覺得這是兒子愛她的表現。可孩子說的次數多了，她就開始擔心起孩子的情感發展：「不會是爸爸帶得少，孩子被我帶成『媽寶男』了吧？」

我笑：「恭喜你，這是好事呀，說明孩子長大了，遇到婚姻敏感期啦。」婚姻敏感期的最典型表現就是，男孩會表達對媽媽的喜歡，叫嚷著要和媽媽結婚；隨著年齡增長，又會說要和老師結婚；再往後，孩子又會突然鬧著要和同齡人結婚。

育兒節目曾進入幼稚園，就「婚姻敏感期」觀察孩子們的表現，結果令家長瞠目結舌。6歲女孩雨雨非常喜歡6歲男孩泰泰，總拿零食和他分享，無論泰泰走到哪裡，雨雨都緊緊拉著他的手：「陪我玩吧。」有時候，泰泰不耐煩，轉身就跑，雨雨馬上就追過去。甚至坐在桌椅上時，雨雨還拉著泰

第五章
別忽略男孩的性教育，那是教會他「理解尊重」的根源

泰的手親熱地親一口。

還有更令人驚訝的，6歲男孩皮皮和5歲女孩欣欣在一起玩，看到攝影機後，皮皮非常激動，強烈要求工作人員為他和欣欣拍張合影，並強調這是一張「結婚照」，但欣欣並不配合，導致照片拍得並不順利。孩子們這些令人詫異的表現，其實都是婚姻敏感期的典型表現。

在傳統觀念裡，我們是無論如何也無法把孩子與婚姻聯繫在一起的。但事實上，孩子從沒有自我意識到開始了解自己的存在，再從父母身上感受到愛，然後，他開始試探著向愛的人回饋愛，也由此開始學習建構情感世界：「我喜歡你，所以我要和你結婚。」、「我喜歡你，所以我只想和你一起玩。」……，但是，這些都是孩子最單純的感情，最純粹的思維，和成人世界的複雜感情完全不一樣。

男孩的婚姻敏感期基本上決定著男孩的情緒、情感能否達到一個成熟的狀態，這是鍛鍊男孩處理人際關係、了解異性、認識婚姻和家庭的好時機，如果父母能夠幫助男孩順利地度過婚姻敏感期，會為他成年後的婚姻關係奠定良好基礎。那麼，父母該如何幫助男孩呢？我們分享兩個方法。

不要取笑，不要逃避，正面回答婚姻問題

幼兒園大班的科科，有一天放學回家，神祕地對媽媽說：「我今天和兩個人結婚了。」媽媽大吃一驚，詢問之下，

發現原來是科科在幼稚園，和好朋友藍小夕玩遊戲，不知道怎麼就玩起了結婚的遊戲，同班同學笑笑看見之後，也想和科科「結婚」，於是，三個人就一起「結婚」了。

媽媽聽完覺得很好笑：「唷，你都這麼厲害了，小小年紀就有這麼多女孩喜歡你，像個花花公子呀。」科科問：「什麼是花花公子呀？」媽媽並未在意，簡單回答：「就是同時喜歡好多個女孩，又容易喜新厭舊，你長大可不能當花花公子。」

媽媽並未想到，她的隨口一答，給科科帶來很大的負擔，在那之後，科科再也不願意和女孩一起玩，他說：「我才不和她們玩，我才不要結婚，我不想當花花公子。」媽媽後悔不已，覺得自己在這件事上處理得太草率，給了科科錯誤的引導。

確實，很多父母，在遇到男孩聊「結婚」的話題時，一般會覺得好笑，更多時候也會覺得尷尬。一位爸爸說，每次他兒子問：「爸爸媽媽為什麼要結婚？我為什麼不能和媽媽結婚？」他就覺得頭痛，為了避免孩子再提問，他就會敷衍甚至訓斥孩子：「她是你媽，你怎麼能和她結婚呢？」孩子還天真無邪地追問：「你都能和我媽媽結婚，為什麼我不能和我媽媽結婚？」把他問得啞口無言。

婚姻敏感期只是男孩自然成長的一個很正常的過程，意味著他開始對性別、自我和異性有了初步的認知。

第五章
別忽略男孩的性教育，那是教會他「理解尊重」的根源

當男孩表達「我要和 ×× 結婚」時，他並不真正理解這句話的意思，只是在日常生活中，他發現周圍的人，尤其是爸爸媽媽都是以「結婚」的形式在一起，他就簡單關注婚姻。對異性有了朦朧的喜歡的時候，他會想要與之結婚，或許，一開始是想和媽媽結婚，很快，又會轉移目標，要和他很愛的奶奶結婚……男孩的「結婚」其實只是表達喜歡的一種方式。

這個時候，父母的回應就顯得非常重要，《兒童行為心理學》明確提出：「父母不能逃避更不能訓斥，如果孩子因為父母的態度對婚姻產生厭倦感，那將會對未來的生活造成不利影響。」父母應該藉這個機會，用孩子理解的語言，正面回答孩子對婚姻的疑惑，告訴孩子，婚姻是一種很美好的親密關係，婚姻的基本因素是：兩個人是異性；兩個人必須沒有血緣關係；兩個人必須相愛。

很多父母會覺得，孩子還那麼小就教他了解「婚姻」，有必要嗎？會不會揠苗助長？事實上，很多育兒專家都認為，兒童透過幾個月來發展完成的事情，可能成人 10 年或者一生都沒有辦法解決。所以，當男孩進入敏感期的時候，父母一定要藉助這個機會，讓孩子對婚姻建立簡單的概念，當然，簡單即可，沒必要解釋得太詳細。

覺得很難用語言開展教育的父母，也可以透過繪本的方式，引導男孩了解「婚姻」，非常推薦《鱷魚愛上長頸鹿》系

210

列繪本。這套繪本講述的是，鱷魚和長頸鹿兩個完全不同生活習性的動物，因為愛而結婚，並共同面對諸多困難的溫馨故事。

當然，讓男孩了解婚姻概念的同時，父母也別忘記告訴孩子：「媽媽不能和你結婚，但媽媽永遠愛你。」

輕鬆討論「喜歡誰」，引導健康情感觀念

鄰居發文求助：「兒子4歲多上中班，突然告訴我，他喜歡班上一個女生，要和她結婚，讓我給他買花。我和老公當時就笑了。他非常生氣，不讓我們笑，難道我真要買花？」底下有人留言：「這麼小就知道追女孩，必須好好教育，不然如果小小年紀就談戀愛還得了。」更多的人則是笑一笑，覺得孩子睡個覺就忘記了，直接忽略就好。

在成人看來，小孩子懂什麼喜歡？但事實上，天真無邪的孩子正是透過這樣的情感啟蒙，逐步形成了自己的情感觀，培養了自己的人際交往能力。所以，父母不可以對孩子的「愛情」進行否認，相反，更應該接納並允許孩子對當下情感進行體驗。

當然，當孩子主動提到這個話題時，父母不需要急著給出答案，而應該把重點放在了解孩子的內心想法上，主動給予幫助，教會孩子更好地表達喜歡。

第五章
別忽略男孩的性教育，那是教會他「理解尊重」的根源

我兒子和隔壁女生很要好，有段時間，他很努力給同學準備禮物。有一次，他特地拿出他心愛的超人力霸王卡片，專門用包裝紙包裝得很漂亮，準備送給小女生。

我問他：「你為什麼要送禮物給她呀？」

他毫不客氣地說：「我喜歡她呀。」

我又追問：「喜歡她什麼呀？」（透過問答的方式了解男孩的想法）

他回答：「她寫的字很漂亮，每次寫字作業都能得優，而且，她長得也很漂亮，把頭髮放下來就像公主一樣。」

我點頭表示肯定：「漂亮，字寫得好看，這些特質真的很討人喜歡呢。」（引導男孩知道美好特質的重要）

我又繼續提問：「你覺得她喜歡你嗎？媽媽覺得你的字也很漂亮。」（引導男孩發覺自己的優點，發現美好特質）

他說：「我的字不好看，和她比一點都不好。」

我回：「那試試讓她教你寫字。」

他笑：「她說我算數很好。」

我也笑：「喔，那你就是功課好的小男生，功課好是很棒的優點呢。」

他非常開心，把卡片小心翼翼地放進書包。

第二天，我兒子回家，把超人力霸王卡片也帶了回來。

我問道：「怎麼禮物沒送出去嗎？」

他垂頭喪氣地說：「她說不喜歡，我同學給她送了一塊橡皮擦，她就很喜歡。」

我默默覺得好笑，安慰他：「嗯，看來你同學找到新朋友了。」

他很不服氣：「我同學說最喜歡我。」

我安慰他：「寶貝，每個人都可以選擇自己喜歡的朋友，你也有自己特別喜歡的朋友呀。」我又給他出主意：「超人力霸王卡片對你來說肯定是非常寶貴的，但是我覺得女孩子可能不太喜歡，比如說我就不喜歡。」（引導男孩明白每個人都有選擇的權力）

我兒子追問：「那她喜歡什麼？」

我很認真地回答：「每個人喜歡的東西都是不一樣的，你喜歡超人力霸王卡片，爸爸喜歡賽車，我喜歡花，你上次親手給我做的賀卡我也很喜歡，或者你可以觀察看看你的同學喜歡什麼，下次上美勞課的時候專門給她做一個。」（引導男孩知道每個人都有自己的喜好）

我兒子若有所思，但很快，他又被別的事情轉移了注意力。

為什麼我要這麼認真地回答他的問題？因為，在這樣的回答中，我傳達了三個觀點：

第五章
別忽略男孩的性教育，那是教會他「理解尊重」的根源

1. 每個人喜歡的東西是不一樣的，你喜歡的未必所有人都喜歡，你覺得好的未必別人覺得好。這種前提下，如果送禮物被拒絕，也是可以理解的，沒什麼可難過的。

2. 你喜歡的人很優秀，所以肯定也有別的人喜歡她，她可以選擇你，也可以選擇別人，這都沒有關係，她不和你做朋友，不是因為你不好，她選擇和別人做朋友，也不是別人比你強，只是他們覺得更合適。當然，你也可以去找適合你的朋友。

3. 培養好自己的美好特質，會成為人際交往的利器。

對兒童來說，男生喜歡女生，女生喜歡男生，這是非常天真無邪的一件事。他們或許會成為好朋友，或許過幾天又換了新的好朋友，這些都不要緊，重要的是，藉由這樣的機會，我們可以引導男孩怎樣表達喜歡，以及更重要的是，潛移默化地將健康的感情觀傳遞給孩子。

所以，對男孩來說，婚姻敏感期最重要的兩點影響是：

1. 從「我要和 ×× 結婚」到「提結婚」羞澀，孩子的性別意識從模糊逐步成長到清晰。

2. 孩子選擇結婚對象都是一廂情願的，當遭到對方無心拒絕時，孩子會受到傷害，需要自己承受失落。慶幸的是，孩子很快就會坦然面對：「你不喜歡我也沒關係，不是我不如他，而是他比我更合適。」

由此，婚姻敏感期告一段落，孩子形成基本的婚姻概念。實際上，孩子順利度過婚姻敏感期，成人後遇到的很多感情問題就會迎刃而解。

一般來說，婚姻敏感期會在孩子 3～6 歲時出現，當然，因為每個家庭的教育環境不同，孩子的成長速度不同，每個孩子進入婚姻敏感期的時間也會前後調整。需要注意的是，父母沒必要用成人的眼光看待「男孩的婚姻」，可以用成人的觀點來指導男孩形成正確的感情觀，父母越淡然處之，男孩的婚姻敏感期就會越快過去，而且能讓男孩對婚姻和人際關係有良好的認知狀態。

學以致用

思考：你家的男孩出現過婚姻敏感期嗎？你是怎麼應對的？

第五章
別忽略男孩的性教育，那是教會他「理解尊重」的根源

兒子總喜歡和女同學摟摟抱抱，怎麼辦？

進入婚姻敏感期的男孩，更需要父母保駕護航。

男孩被罵小流氓，從此不想去上學

朋友的女兒丫丫讀一年級，有一天，班導打電話告訴她，丫丫的同學磊磊是個調皮的小男生，課間掀了丫丫的裙子，還做了一些摟抱的動作，老師看到後及時制止了。因為擔心丫丫回家和父母轉述不清楚，引起不必要的誤會，所以班導特地打了這個電話，並且表示，事後也會和磊磊的父母聊一聊。

朋友覺得班導很負責任，對這個處理結果也很滿意，特別對班導表示了感謝。事情到這裡，大家都覺得這不是什麼大事，小事化了就行。但丫丫爸爸非常疼愛女兒，聽說女兒被男生掀裙子後，特別心疼和生氣，那天，他主動提出要去接女兒放學。

結果，在放學的隊伍中，丫丫爸爸又看見磊磊對丫丫「動手動腳」。一年級的放學隊伍，老師是按男生搭配女生的排列方式排隊的，別的同學都規規矩矩站得好好的，就磊磊非常親密地挽著丫丫的手臂，說話還湊得特別近。這一下，丫丫爸爸火冒三丈，直接衝過去抱起女兒，一把推開磊磊：

216

兒子總喜歡和女同學摟摟抱抱，怎麼辦？

「你個小流氓離我女兒遠點。」

那天來接磊磊的是奶奶，看到自家孫子突然被人叫「小流氓」，她當然不高興，衝上去就和丫丫爸爸吵了起來，當時正是家長接孩子放學的時候，簇擁的人群亂作一團，老師和保全費了好大的力氣，才把丫丫爸爸和磊磊奶奶分開。

本來是孩子之間的事情，卻上升到家長吵架的地步，這件事給學校和班級帶來了非常惡劣的影響。一邊是學校和班導，一邊是對方家長，丫丫媽媽覺得非常尷尬，她自己也覺得，丫丫爸爸這次確實小題大做了些。

更糟糕的是，這件事給兩個孩子，尤其是磊磊帶來了非常大的傷害。丫丫爸爸吵架的時候，全班的同學都在邊上看著，孩子小不懂事，最擅長模仿，他們也不知道「小流氓」是什麼意思，就覺得好玩，每次見到磊磊就叫「小流氓」，有時候看到丫丫也會開玩笑：「你是不是被小流氓欺負了呀？」

丫丫還好一點，在老師的安排下，換了新座位。磊磊卻一直被同學欺負，沒人願意和他成為朋友，同學們還總愛在他背後指指點點：「他是小流氓，我們不和他一起玩。」雖然老師嚴屬禁止，但對磊磊造成的傷害還是無可挽回，很快，磊磊不願意再去上學，無奈之下，磊磊父母只好給磊磊辦了轉學手續。

因為這事，朋友一直很愧疚：「站在丫丫爸爸的角度，也可以理解他對女兒的愛護，但想想磊磊的情況，我真是挺難過的，沒想到這事給孩子帶來那麼大影響。」

217

第五章
別忽略男孩的性教育，那是教會他「理解尊重」的根源

聽完這個案例，我真的很心疼磊磊。在成人看來，或許男孩和女孩摟摟抱抱是「小流氓」行為，但事實上，這只是男孩進入婚姻敏感期的正常表現。也因此，家有男孩的父母責任重大，建議大家透過以下三點為男孩保駕護航。

理論上尊重男孩女孩的親密關係

在上一節「婚姻敏感期」的內容裡，我給大家介紹了男孩女孩親密的真相 —— 男孩女孩的親熱行為和我們成人想得並不一樣，這個年齡層的孩子，只是簡單的透過這樣的方式，鍛鍊表達喜歡的能力，開始學習建構情感世界。

只要男孩女孩雙方願意且注意分寸，成人是需要允許孩子之間存在這樣表達愛與情感的行為的，這樣的身體接觸能讓孩子感受到情感的流動，也有利於孩子未來人際交往能力的發展。

相反，如果成年人將孩子的「親密感情」看作「小流氓」行為，這是對孩子天真無邪、表達情感的傷害，像丫丫爸爸這樣的做法，會讓兩個孩子都感覺愛的情感是羞恥的，會給他們造成不同程度的心理陰影。當孩子長大對異性產生愛意時，也會將這種美好的情感與羞恥聯繫在一起，不容易體驗到愛情的美好。

所以，當父母覺察到男孩進入婚姻敏感期時，一定要理

218

解和接納男孩喜歡摟抱女孩的行為，並進行正確引導為男孩保駕護航，讓男孩處於寬鬆自由的成長環境中。

行為上引導男孩注意「身體界限」

我兒子讀一年級的時候，有一段時間，非常喜歡和女同學摟摟抱抱，而且是「左擁右抱」，因為他個性開朗，很愛分享，女孩子也都很喜歡他，經常主動和他牽手擁抱。作為男孩的媽媽，看到兒子如此受歡迎，我心裡挺開心的，但另一邊我也很擔心女孩的家長會生氣。

所以，我經常會提醒我兒子，擁抱女孩子時，一定要經過對方的允許。我兒子有時候會反問我：「媽媽，我可以和我兄弟擁抱，為什麼不可以和女孩子擁抱？」

我告訴他：「我知道你們是好朋友，但是不管是男孩還是女孩，擁抱之前，都需要經過對方的允許，比如說你不喜歡媽媽隨便親你，那媽媽親你之前，一定會經過你的允許，你答應了我才會親你。」

他又說：「我的朋友都很喜歡我，好多次都是女同學主動抱我的，而且我都沒有碰到私密部位。」

我點頭稱讚：「嗯，我是你朋友的話，也會很喜歡你的，因為你總是能找到很多好玩的遊戲。而且媽媽很高興你能記住私密部位不能碰，這說明你是個尊重女孩的小男生，非常

第五章
別忽略男孩的性教育，那是教會他「理解尊重」的根源

棒。媽媽就是建議你，你可以試試牽手，是不是一樣能表達喜歡？」

他點頭說好。但事實上，遇到喜歡的女同學時，他一激動還是會衝上去擁抱，玩的時候手牽手更是避免不了，這個時候，我一般會觀察女孩的反應，如果男孩女孩都表現得很開心，我也選擇尊重。當然，我也會特別注意觀察女孩家長的反應，如果女孩家長表現出不喜歡的神色，我會馬上找藉口帶我兒子離開。

擴大盟友圈，老師家長「統一戰線」

身為男孩的家長，我們除了要保護好男孩的「美好小感情」，引導好男孩注意身體界限，更重要的一點是，我們要盡可能地擴大盟友圈，讓老師和家長形成「統一戰線」。

如果男孩某一段時間，特別熱衷於用肢體語言表達對女孩的喜歡，我們可以提前和老師溝通，了解男孩在學校和同學交往的情況，隨時關注孩子的動態。老師注重家校合作，也會特別願意配合家長，更好地幫助男孩健康快樂成長。

同樣，作為男孩家長，我們也可以盡可能和男孩「好朋友」的家長建立良好關係，互相溝通，讓雙方家長一起為男孩女孩提供一個「自由表達喜歡」的環境。

當然，有一些女孩的家長，非常注意保護女兒，很介意

兒子總喜歡和女同學摟摟抱抱，怎麼辦？

男孩的一些「親熱行為」，對於這樣的家長，我們也要表示尊重和理解，提醒自家男孩要注意自己的行為。

家有男孩的父母，尤其要為男孩保好駕護好航。順利度過這個階段的男孩，在進入青春期後，也能很好地拿捏和女同學相處的分寸，在人際交往上展示優勢。

學以致用

你家的男孩是否有關係好的「女朋友」？

男孩女孩的相處方式，給你和對方家長造成過困擾嗎？

第五章
別忽略男孩的性教育，那是教會他「理解尊重」的根源

第六章
別用錯父母陪伴男孩的時間，
那是協助他「長成真漢子」的祕訣

第六章
別用錯父母陪伴男孩的時間，那是協助他「長成真漢子」的祕訣

0~6 歲，把男孩交給媽媽，讓他在媽媽的愛裡習得安全感與規則

父母的愛缺一不可，但男孩 6 歲前，最需要的是媽媽無條件的愛。

「2 歲的男孩哭哭啼啼，怎麼讓他更勇敢？」

有位媽媽向我傾訴她的育兒苦惱。她有一個兩歲半的兒子，性格很靦腆，出門一定窩在媽媽的懷裡。媽媽很苦惱：「男孩子怎麼這樣扭捏？」為此，媽媽經常故意「消失」，給兒子創造獨立的機會。

但每次媽媽「離開」，孩子都會嚇得大哭，變得更加膽小怕事。媽媽說：「我真的很怕兒子長大後變成個害羞內向、唯唯諾諾的男人。怎樣才能讓兒子變得快樂、自信和勇敢？怎樣才能把他培養成堅韌有責任感的男子漢？」

很顯然，這位媽媽對兒子成長為男子漢的願望是熱切的，但做法是錯誤的。一個兩歲半的小男孩，需要的是媽媽給得足足的安全感，媽媽平白無故的消失只會適得其反。小男孩成長為一個擁有責任感和成熟魅力的男子漢，並不是一朝一夕的事情，而是取決於他在和父母共同生活的十幾年間

224

父母是否是堅定、友善的領路人。

男孩在和父母共同生活的十幾年間，有三個階段是男孩成長的關鍵時期。這三個階段，如果父母給予其針對性的愛護和引導，男孩會穩穩地向男子漢這一轉變邁進！這其中，最重要的就是打基礎階段：0～6歲養育重點，把男孩交給媽媽，讓媽媽給予他無條件的愛。

為什麼這個階段要把男孩交給媽媽？因為，首先母親是與新生兒建立起最早、最牢固連線的人，也是嬰兒第一個依戀的對象，嬰兒對媽媽有著天然的依賴感；同時，面對幼小無助的嬰兒，為人母之後的身心改變也讓母親願意全身心為嬰兒提供一切服務；相比之下，母親確實能比父親或其他養育者付出更多細緻的關愛。所以，這個階段的主要養育任務讓媽媽承擔更合適。

必須強調的一點是，0～6歲的養育重點由媽媽承擔，並不意味著爸爸可以撒手不管，這個階段的男孩，需要感受到整個家庭的溫暖，爸爸媽媽缺一不可。同時，父母也無須焦慮，如果這個階段媽媽因客觀因素無法承擔主要責任，其他養育者如果能給予無條件的愛與回應也是可以的。

那麼，為什麼0～6歲的男孩，需要無條件的愛？大量研究證明，與女孩相比，男孩對疼痛的感覺更敏感，會讓男孩更易哭鬧。6個月大的男孩，仍然需要媽媽貼心的照顧，

第六章
別用錯父母陪伴男孩的時間，那是協助他「長成真漢子」的祕訣

但 6 個月大的女孩往往會透過吮吸手指或者玩玩具進行自我安慰。

即便到了 3 歲，和女孩相比，分離更讓男孩感到焦慮，他會認為自己被拋棄，從而在情感上受傷，更容易煩躁。除此之外，男孩的大腦發育速度也比女孩更緩慢，連進入青春期的時間也比女孩晚兩年，甚至連學會寫字也要比女孩晚半年到一年。

所以，在男孩 0 ～ 6 歲這個每個方面都發展相對緩慢的階段，更需要父母全心全意的愛和守護。通常來說，和男孩建立親密關係的首選家長當然是媽媽，在這個關鍵階段給予孩子足夠的愛護和關注，孩子的安全感才能養足，大腦發育也才能更完善。那麼，媽媽應該怎麼給男孩「無條件的愛」？分享以下兩個內容。

媽媽給男孩足夠的「愛與回應」

我在社區散步的時候，看見一個兩三歲的男孩摔倒，他的媽媽在旁邊鼓勵：「勇敢一點，自己爬起來。」遺憾的是，男孩無法理解什麼是「勇敢」，他很固執地一定要媽媽來抱他，母子僵持在那裡，男孩哭得一把鼻涕一把淚，媽媽依然堅定地說：「不許哭。」這樣的鼓勵顯然沒有效果，男孩哭得更厲害了。

我在旁邊勸說：「你抱抱他。」媽媽說：「不行，他太愛哭了，我得教他勇敢一點。」我非常理解這位媽媽的感受，因為我也曾和她一樣，對男孩持有刻板的印象，覺得男孩就應該勇敢、自信、樂觀，出門一定要積極、陽光、禮貌，和小朋友們玩一定要熱情洋溢，所以我曾經也不能接受男孩表現出柔弱的情緒，更不能接受男孩哼哼唧唧地哭。

但事實上，惡性循環就是這麼開始的，父母希望透過「嚴厲狠心的教育方式」逼迫男孩學會勇敢，但男孩試圖用「更誇張的哭鬧求助」引起父母的注意，來獲得擁抱和愛。於是，男孩越來越愛哭，父母就越發逼迫他堅強，男孩越來越迷茫無助，循環反覆，導致男孩的安全感被破壞。

對男孩來說，他感受愛的途徑很簡單——就是父母，尤其是媽媽給予他的擁抱和愛護。男孩餓了，媽媽會送上食物；男孩摔倒，媽媽會溫柔地擁抱安慰；男孩哭泣，媽媽會給予安慰「媽媽永遠在這裡」……，男孩有需求，媽媽就回應，男孩就在這些細節的回應裡，堅定不移地相信：「我是被愛的。」

相反，如果他得不到媽媽的回應，無法在細節裡驗證「爸爸媽媽愛我」這件事，他就會懷疑：「媽媽愛我嗎？」因此，他所有的關注點就只能放在「索愛」上，幼小的男孩除了哭鬧並沒有別的技能，在分離焦慮極其嚴重的情況下，男孩

第六章
別用錯父母陪伴男孩的時間，那是協助他「長成真漢子」的祕訣

變得更愛哭了。長此以往，男孩就無法建構自己的安全感，這樣的男孩即便在生理上健康成長，在心理上也始終無法「長大」，他也無力去追求外在的世界，就像專家所說：「3 歲前的孩子，如果缺失媽媽的愛，這傷害是無法逆轉的。」

所謂的「缺失」，一個是指生理上的陪伴，另一個則是指心理上的供給。所以，媽媽千萬不要因為孩子是男孩就刻意嚴格要求，苛刻教育。天性使然，這個階段的男孩，或許會比女孩還嬌弱，還愛哭，更在意媽媽的擁抱和回應。

0 ～ 6 歲階段的男孩，媽媽可以放肆地寵愛他，該抱就抱，該親就親，該說的甜言蜜語一句也不要落下。男孩在媽媽的回應裡感受到愛，他才能建立足夠的安全感，才敢放開媽媽的手去探尋外面的世界。而他之所以敢離開媽媽，是因為他相信，不管走多遠，只要他一回頭，媽媽都在他身後陪伴著他，他自然越來越勇敢，越來越獨立，越來越像男子漢。

媽媽為男孩安排「規則與自由」

但是，「無條件的愛」不是溺愛，真正的愛更需要有界限。男孩不可以在愛裡為所欲為，出現說髒話、攻擊他人、傷害他人、無節制地提要求等不良行為。同時，研究也表明，男孩的自覺性水準顯著低於女孩。所以，媽媽更要為這個階段的男孩制定規則並堅定地執行。從男孩一歲半起，就

可以根據家庭和孩子的情況，制定適合男孩的規則，比如「每天看電視不可以超過 15 分鐘」、「做攀爬等運動時必須有父母在身邊」，由媽媽來制定並與男孩溝通，能讓男孩更容易接受。

當男孩逐漸長大，父母可以和男孩一起商量制定家庭規則，比如，4 歲的男孩可以學著向父母申請將「每天看電視不可以超過 15 分鐘」調整為「每天看 3 集卡通片」，因為 15 分鐘或許是卡通片正看到關鍵的時刻，誰也不捨得關閉。男孩可以在實際體驗中自己總結歸納好方法，再形成規則，這也是很好的學習體驗。

重要的是，這個階段的男孩需要了解規則，對制定規則的人表示尊重，他們透過遵守規則、尊重權威，從小懂得「維持社會秩序」的重要性，並獲得道德上的滿足感，這對培養男孩獨立個性及融入群體非常有幫助。

需要注意的是，媽媽需要學會在「遵守規則」和「安全」的前提下，給予男孩最大的自由。男孩天生精力旺盛，愛調皮搗蛋，戶外運動摸爬滾打玩得像隻小泥猴，在家爬桌子掀櫃子瘋得像隻小野貓，這時候媽媽需要有更強大的愛，來包容甚至鼓勵男孩「調皮搗蛋」。科學研究證明，男孩依靠運動和攀爬來健康地發育大腦，發展各種感官綜合經驗，越活潑好動、調皮搗蛋的男孩，各項發育指標越達標。

第六章
別用錯父母陪伴男孩的時間，那是協助他「長成真漢子」的祕訣

很多媽媽會疑惑，怎樣一邊對男孩說「不可以」一邊證明「我愛你」？繪本《大衛，不可以》就是一個很好的示範。大衛是一個非常調皮搗蛋的男孩，他不愛乾淨、不收拾玩具、玩食物、製造噪音、表現不禮貌的行為……，總之，是一個會讓媽媽崩潰的男孩。這樣的「熊孩子」當然更需要媽媽的管教，所以，媽媽從始至終都在說：「不可以。」但「不可以」和「我愛你」並不矛盾，喜歡是放肆，愛是克制，也正是如此，繪本的結局才更讓人感動。結尾，媽媽對大衛張開雙臂，給他溫暖懷抱：「寶貝，來這裡！大衛乖，我愛你。」

這個階段給予男孩足夠的「愛」和「規則」，男孩的一生都會擁有強大的安全感和秩序感！他也會堅定地相信：「爸爸媽媽是無條件愛我的，他們愛我，不是因為我功課好，不是因為我漂亮聰明，而是我就是我，他們愛的就是我本來的樣子。」

需要再次強調的是，即便是「把男孩交給媽媽」的階段，爸爸也一定要積極承擔起和媽媽共同養育孩子的責任，給媽媽精神支持和行動支持。比如，下班後為男孩換尿布、週末安排父子活動，讓媽媽擁有一些獨處時間。

一個嗷嗷待哺的嬰兒成長為活力四射的男孩，真的需要媽媽付出很多，不光是生理餵養上的辛勞，更是心理層面的煎熬。顯而易見的是，如果媽媽沒有得到愛和支持，她是沒

有力量去給予男孩無條件的愛和回應的。所以,在「把男孩交給媽媽」的 0 ～ 6 歲階段,爸爸一定要成為媽媽堅實的後盾,給予媽媽更多的愛,與媽媽攜手給男孩更溫暖的愛。

學以致用

思考:你家的男孩在 0 ～ 6 歲階段,得到媽媽足夠的愛與回應了嗎?

第六章
別用錯父母陪伴男孩的時間，那是協助他「長成真漢子」的祕訣

6~13 歲，把男孩還給爸爸，讓他在爸爸的陪伴裡激發出心中的男子漢

父母的愛缺一不可，但男孩 6 歲後，一定要讓爸爸多陪伴多承擔。

「家有男孩，怎樣才能養成真漢子？」

家庭問題研究專家史蒂夫‧畢杜爾夫（Steve Biddulph）遇到過這樣一個案例，一個男孩生病了，病情複雜，經常反覆，但怎麼檢查都查不出病因。這時，男孩爸爸從國外趕了回來，神奇的是，爸爸一回來，男孩的病就有所好轉。不久，爸爸又要出門工作，結果，爸爸一離開，男孩的病又發作了。男孩爸爸是一位非常有名的醫學專家，但是非常忙碌，一年有 8 個多月的時間都在外面工作，史蒂夫便建議這位爸爸調整工作和生活方式。神奇的是，當爸爸把更多的時間放到家庭和陪伴男孩的身上時，男孩的病竟奇蹟般地好了，而且再也沒有發作過。

這個案例非常有意思，很多人會好奇，男孩這是在裝病嗎？並不是，其實這是一種非常普遍的心理現象。《為何家會傷人》一書中提到過很多次，很多孩子會把自己當作家

庭的守護神，當父母出現離婚等問題時，孩子會突然生病，因為孩子生病，父母可能會放下矛盾，重新恢復關係。事實上，這是孩子的一種自我保護機制，是為了保護家庭潛意識下的一種心理反應。史蒂夫所遇案例中的這個男孩，他的爸爸見病人的時間比陪家人的時間都長，即便男孩在行動上認可了爸爸的工作，但潛意識卻讓他成為「病人」，只為得到爸爸更多的關注。

這個案例，非常值得父母尤其是爸爸深思。6～13 歲的男孩，雖然依舊需要媽媽，但顯然，從身體到心理，都更渴望爸爸的陪伴。最大的原因就是，男孩受睪丸激素的影響，身心會在各個成長階段發生巨大的轉變，其中最直接的影響就是 —— 快速增強了男孩的精力和力量，他開始感受到來自內心世界的召喚，開始嘗試成為男人，在感興趣和偏愛的活動方面越來越像爸爸，也因此，他開始崇拜有力量的人。

細心的父母會發現，這個階段的男孩非常愛模仿有力量的角色，比如超人力霸王、超人、武術明星等，所以，這個階段，男孩會視爸爸為超級偶像。如果爸爸能承擔好「偶像」的職責，給予男孩力量和權威，男孩對於「什麼是男人」就會有更清晰的認知，心理成長會更加順利。這也是爸爸對孩子產生影響、在兒子心中樹立英雄形象的關鍵時期。反之，如果爸爸沒有在這個階段承擔起養育男孩的責任，那麼兒子就會不時地製造麻煩，主要是為了引起父親的注意。

第六章
別用錯父母陪伴男孩的時間，那是協助他「長成眞漢子」的祕訣

美國國家政策分析中心的政策主席曾在一篇調查中這樣寫道：「每 10 個美國兒童中，就有 4 個在沒有父親的家中進入夢鄉。十年之後，這一數字將會變成十分之六。有 60%的強姦犯、72%的青少年殺人犯以及 70%的長期服刑人，是在缺少父親的家庭中長大的男孩。」

這雖然是來自美國的數據，但觀察周圍，我們的很多父親確實忙碌得早出晚歸，早上出門時男孩還在睡覺，晚上回家男孩已經睡著，雖然住在同一個屋簷下，卻是幾乎不相見的室友。

而缺乏父愛的男孩，反社會行為的機率會大大增加。這也是心理學家求證過的。另外，專家實驗證明，得不到父愛的男孩，會更容易產生暴力行為，也更容易陷入困境受到傷害，在校成績也相對較差。那麼，當男孩處於 6 ～ 13 歲這一階段時，爸爸要怎樣參與到育兒中來呢？

媽媽一定要「讓位」，男孩才有機會長大

有一位媽媽找我做諮詢，說她的兒子 3 歲了，但離乳非常難。經過仔細詢問，我發現事實卻是：不是孩子離不開她，而是這位媽媽離不開孩子。

在家人的催促下，她計劃在兒子 2 歲時離乳，一開始進展得非常順利。她按照科學離乳的方法，在乳房上貼了 OK

234

繃，對孩子說：「『內內』病了，我們不喝『內內』。」男孩執行得非常好，雖然非常想喝，但總會在最後關頭停下，自言自語說：「『內內』生病了，要休息。」

眼看孩子離乳就要成功，媽媽卻開始心疼兒子，又說「『內內』病好了」，主動讓兒子重新喝奶。事後，在我的提醒下，媽媽承認，她是心疼孩子，但內心深處，確實也是她離不開孩子的依賴，一想到兒子無法在懷裡喝奶，她突然就很捨不得。

男孩當然非常需要母愛，尤其是 6 歲以下的男孩，但必須注意的是，母親過度的愛會讓男孩永遠長不大，心智始終停留在小男孩的狀態。

事實上，男孩在 6 歲以後，會根據成長需求不再黏著媽媽，逐步「離開」媽媽，如果這時候，媽媽讓位，讓爸爸接替主要教育任務，是非常有利於男孩向男人邁進的。遺憾的是，現實生活中，爸爸普遍太忙碌，無法承擔教育職責，而媽媽不但全心照顧男孩的衣食住行，更從心理上向男孩表達：我愛你，媽媽離不開你。這種拉扯，會讓男孩無法真正完成「情感脫離」的步驟。

從心理學的層面來看，男孩和母親的心理分離是各有側重的：男孩在 0 ～ 6 歲時對母親完全依賴；在 6 ～ 13 歲階段則開始追求獨立，慢慢學會與母親「心理分離」，這樣男孩

第六章
別用錯父母陪伴男孩的時間，那是協助他「長成真漢子」的祕訣

才能在找到伴侶之後再次進入情感相互依賴的階段。如果男
孩遲遲不和母親「心理分離」，他就沒辦法習得獨立的能力，
沒有辦法從心理上界定親密關係的邊界。這樣一來，他也就
無法和未來的伴侶形成相互依賴的親密關係，會出現非常多
的情感問題。這樣的男孩長大成人，就比較容易成為所謂的
「媽寶男」、「離婚男」。

　　所以，這個階段的媽媽需要學會「讓位」給爸爸。媽媽要
多多創造爸爸和兒子獨處的機會，讓男孩跟著爸爸學著成為
男人。

媽媽學會「讓位」給爸爸

　　結構式家庭治療大師李維榕說：親子不如遠子！這個說
法來自她幾十年的家庭治療經驗：媽媽和兒子過於黏人、爸
爸沒有立足之地的家庭，最容易養出有問題的孩子。媽媽要
保護男孩這個階段崇拜和愛模仿男性的特殊需求，協助爸爸
樹立權威，促進父子形成親密關係，當然更要推動爸爸承擔

對兒子進行管教的責任。

研究證明，沒有父親管教的男孩更容易在青春期遇到各式各樣的問題而無法解決，導致傷痕累累，甚至產生的挫敗心理永遠都無法完全恢復。

當然，並不是說媽媽這時候就可以撒手不管，男孩任何階段的成長都需要父母的同心協力。在「把男孩還給爸爸」的階段，媽媽要做的是大後方的穩定工作，以女性固有的溫柔，做男孩的強大後盾，讓男孩明白不管發生什麼事，都可以依靠爸爸媽媽，不需要掩蓋自己脆弱的感情。在媽媽持續包容下長大的男孩更有能力疏解自己的負面情緒。

爸爸多陪伴做好榜樣，激發男孩長成男子漢

《養育男孩》一書中有一個挺讓人心酸的知識點，透過下面四個線索可以推斷出男孩缺乏父愛。

1. 男孩好鬥；
2. 男孩有大男子主義行為和愛好；
3. 男孩的行為方式很單一，喜歡裝酷，冷眼旁觀；
4. 看輕女性以及其他弱勢群體。

媽媽給男孩帶來愛和溫暖，爸爸則負責給男孩帶來力量和權威。但前提必須是陪伴，如果連人都見不著，如何談榜樣的力量？

第六章
別用錯父母陪伴男孩的時間，那是協助他「長成真漢子」的祕訣

父親的興趣和時間，對男孩來說非常重要，我們先說說父親的榜樣作用。

爸爸對待工作的態度，對待家人的態度，對待朋友和陌生人的態度，對待興趣愛好的態度，都會潛移默化讓男孩了解，男人和女人的行為、處事方法是不一樣的。比如，媽媽帶男孩，天性使然，會選擇比較輕鬆、相對安全的遊戲；但爸爸帶娃就不一樣了，他會利用男性的優勢將男孩舉高高，幫助男孩翻滾，帶著男孩去爬山、跑步，鼓勵男孩追求刺激，讓男孩多挑戰身體和心理極限。

事實上，受睪丸激素的影響，男孩的情緒會普遍高昂，表現得精力旺盛。男孩喜歡挑戰，勇於競爭，但進入快速成長期的他是缺乏目標和方法的，所以他經常會像無頭蒼蠅一樣亂撞。而這時候，爸爸及時補位，告訴男孩作為男人，我們和媽媽作為女人是不一樣的：我們在行為上，應該積極勇敢、挑戰困難；而在責任上，因為我們是男人，需要擔當起男子漢的責任，保護和照顧好媽媽。

這個階段，「把爸爸當作偶像」的男孩是會無條件信任爸爸的，在爸爸的言談舉止和教育裡，男孩會慢慢學習：對外，男子漢需要尊重媽媽，保護媽媽，以及尊重像媽媽一樣的女性和其他弱勢群體；而對內，男孩會理解為什麼自己對成就、團隊、競爭、冒險有那麼大的熱情，也知道該如何表達和追求這種熱情。

6~13 歲，把男孩還給爸爸，讓他在爸爸的陪伴裡激發出心中的男子漢

當然，榜樣是需要被看見的，也就要求爸爸能給予男孩更多的陪伴。很多父親會頭痛：「我也很想回家陪兒子呀，但賺錢養家那麼難，總不能放下工作回家帶娃吧，那誰負責養家？」確實，讓爸爸放下工作回家陪伴也不現實。

我們對爸爸的要求也沒有那麼高，我們更在意的是，爸爸一定要有主動陪伴男孩、教育男孩的意識，因為 6 歲以上男孩的教育，很多必須由爸爸來做，比如說性教育。事實上，只要爸爸有陪伴孩子的意識了，不管工作多忙，也是可以抽出時間的。

我老公的工作就非常忙，經常出差，就算不出差，也早出晚歸，雖然半夜回家，他也會去親吻睡著的孩子，貼心給孩子蓋上踢開的被子。父子倆經常是好幾天無法見面，更別說溝通，但我老公以前並沒意識到這有什麼不對。儘管我數次要求他早點回家，他也經常說：「真的要應酬，沒辦法回來吃飯。」

直到我兒子 7 歲，我讓老公去教他清洗下身。我明確告訴他：「現在兒子都是自己洗澡，但他完全不知道怎麼清洗下身，我也不知道，你要教會他。」於是，父子倆在浴室待了好久，出來後，我兒子很興奮，對我說：「媽媽，以後我都要自己洗澡了，爸爸說了，男人要自己洗下身，一定要翻起來把裡面洗乾淨，爸爸還教我用吹風機把它吹乾。」

第六章
別用錯父母陪伴男孩的時間，那是協助他「長成真漢子」的祕訣

我說：「也不用這麼誇張吧，還要用吹風機？」我兒子一邊享受他爸爸對他的穿衣服務，一邊很驕傲地說：「媽媽，你是女人，你不懂，不知道我們男人的事。」我和老公都被他這稚嫩的話逗笑。但也是那一次，我老公才意識到，有些教育，確實需要他來做，他也開始認真安排好時間，專門用來陪伴兒子。

比如，我老公會盡量把工作和出差都安排在工作日，保障週末是家庭日。每週六是固定的父子時間，我老公會單獨帶兒子出去徒步、跑步。

另外，我會專門安排一場「週末家庭會議」，要求老公必須參加，其中一個很重要的環節就是，讓他了解兒子近期遇到的問題，讓他從男人的角度給兒子建議。事實證明，同樣的問題，「我作為媽媽」和「他作為爸爸」確實會有不同的看法，即便我們都會給兒子提意見，而大多時候，兒子會選擇爸爸的建議。

有段時間我老公非常忙碌，沒辦法陪伴兒子，但不管他多晚回來，我都會要求他，負責叫兒子起床，送兒子上學。

把男孩還給爸爸，其實更多指的是男人對男孩的精神引領。如果爸爸的工作確實非常忙碌，那麼我們也要有一個最低要求：每天20分鐘的高效陪伴。大家可以參考「家庭123」法則。

每天 1 次，每次 20 分鐘，爸爸選擇和兒子做三件事中的任意一件。

這三件事分別是一起讀書、一起玩遊戲、一起聊天。

注意！每天 20 分鐘的陪伴只是最低要求。事實上，如果爸爸能夠早起 1 小時，帶著男孩做運動，是非常容易成為男孩的「優質偶像」的。

專家認為，孩子 6 歲前可以媽媽為主進行養育，但 6 歲後，尤其是孩子進入青春期後，爸爸一定要多陪伴，如果不知道怎麼陪伴，那麼就做兩件事：一、爸爸帶著孩子去做運動；二、爸爸給孩子聊世界。

雖然爸爸的陪伴很重要，但單親媽媽也不要焦慮。事實證明，很多單親媽媽也可以把男孩教育得很好。但對於單親媽媽，我們會建議，盡量為男孩尋找一個出色的男性榜樣，比如，男孩的舅舅、老師、外公等。

學以致用

請爸爸思考：你每天有多少時間陪伴兒子？你計劃如何陪伴？

第六章
別用錯父母陪伴男孩的時間，那是協助他「長成真漢子」的祕訣

13~18 歲，父母要為男孩嚴格篩選「引路人」，尊重他變得更強的欲望

當男孩「拒絕」父母時，父母要為他把關選好「引路人」。

進入青春期的男孩，開始渴望離開父母

13 歲的方卓非常不聽話，這種不聽話不是小時候那種「你叫他往東他非往西」的叛逆，而是，他把父母當空氣，連說話的機會都不給，但凡父母多說幾句，他就一臉不耐煩，直接躲進房間，「啪」一聲重重關上門。

如果說小時候的方卓調皮，惹父母生氣，父母還能批評教育，但現在就不一樣了，方卓父母感覺和兒子之間像是隔著太平洋，無論父母怎麼努力，都像熱臉貼冷屁股。更氣人的是，方卓媽媽發現方卓在床鋪底下收藏了不少少兒不宜的雜誌，他們擔心兒子早戀，便安排爸爸去跟蹤，看看晚自習放學後方卓會做什麼。結果，這麼一跟蹤，又發現一件事，方卓竟然學會了抽菸，看他抽菸那個樣子，顯然已經抽了很長一段時間，姿勢都非常熟練了。

一天晚上，父子倆爆發了激烈的爭吵，甚至扭打了起來。青春期的男孩力氣非常大，爸爸被壓制了，無奈之下，媽媽只好報警。警察上門，費了好大力氣才把父子倆分開。

242

爸爸氣得不行，媽媽哭得傷心，方卓哭得更是厲害，好像受了天大的委屈似的。

原來，方卓和爸爸媽媽的感情本來就比較淡薄，他從小在奶奶身邊長大，小學才被爸爸媽媽接回來。但平時父母都忙，更多是照顧他的生活起居，很少和他進行情感溝通。小時候問題不明顯，等方卓越長越大，和父母相處下來就像是最熟悉的陌生人。父母這才意識到不對勁，想找機會和他聊天，而不到13歲的方卓卻非常有主見，開始拒絕父母的示好了。

這件事說來傷感，但孩子對父母的需要是有時效性的。前6年是男孩最需要媽媽的時候，後6年是男孩最需要爸爸的時候，如果這兩個階段父母給的愛足夠，男孩也就能平穩度過青春期，健康成長。當然男孩也會遇到不少問題，但不會阻斷和父母的溝通聯結。如果父母錯過了這兩個成長階段，在孩子12歲前依舊有機會彌補，就是需要父母付出更多的耐心和關愛；一旦孩子過了12歲，正式進入青春期，親子關係就比較難彌補了。

教育學家指出：青春期的孩子開始有了生命主體的覺醒和自我意識的提升，對什麼都不再輕易盲從或依附，嚮往自主獨立的自由空間。他們會在以下四個方面表現出獨特的興趣和追求：

1.　自己做主；
2.　尋找夥伴；

第六章
別用錯父母陪伴男孩的時間，那是協助他「長成真漢子」的祕訣

3. 離開父母；
4. 與眾不同。

很顯然，「離開父母」已經成為青春期男孩長大的標誌！13～18歲的男孩，睪丸激素大量分泌，分泌量幾乎是以前的8倍，這種情況下，他們會變得非常暴躁，喜怒無常。他們非常渴望成長，對未來充滿期待，但又因為無知而迷惘，他們迫不及待想去闖蕩更大的世界。在這個階段，如果男孩想要從「幼稚的少年」成長為「成熟的男人」，就需要成熟的男人引導。遺憾的是，進入青春期的男孩最想做的事就是「離開父母」，證明自己很「強大」，自然不願意接受爸爸的幫助。

這就非常考驗父母為男孩挑選「引路人」的能力。青春期的男孩如果缺乏成熟的引路人，就會轉而求其次在「尋找夥伴」裡尋找自我，但一群迷茫的青春期男孩聚集在一起，如果又缺乏引導，是非常危險的。就像方卓一樣，一群國中男孩聚在一起，試圖用抽菸、早戀的方式證明自己很強大。家有13歲以上的男孩，父母一定要了解以下兩點。

父母一定要為男孩尋找三觀正的引路人

了解了引路人的重要性之後，父母一定要嚴格把關，為13歲以上的男孩選擇人品好、正直、上進、有智慧的成熟男人，為男孩引路。引路人並不需要長期和男孩在一起生活，

更多的是給男孩精神上的指引。當然，前提是男孩非常尊重以及崇拜他，願意以他為榜樣，這樣才會願意受他的影響，聽他的建議。

引路人的首選，當然是親戚朋友。我有一位鄰居，他真的是一位非常用心的爸爸，他和兒子昭昭的關係挺不錯，但進入青春期的昭昭還是希望自己去了解外面的世界，很多事情都喜歡自己做主。昭昭爸爸思考了很久，想起昭昭有一個還在唸書的堂哥，是學校的學生會會長，人品成績各方面都很好。而且，昭昭也很喜歡這個哥哥。

在昭昭爸爸的拜託下，堂哥和昭昭成為朋友，天南地北什麼都聊。有一回，昭昭想買一雙 3,000 元的運動鞋，被父母拒絕後，他心情一直不好，父母發愁了好幾天。有一天晚飯時，昭昭突然很輕鬆地說：「我想了想，還是不買了，3,000元買雙鞋確實不划算。」原來，昭昭向堂哥抱怨父母不給他買鞋，堂哥站在「過來人」的角度建議他沒必要花冤枉錢。昭昭喜歡堂哥，一直以他為榜樣，雖然堂哥說的道理和父母說的一樣，但昭昭卻聽進去了。就這樣，昭昭父母和昭昭堂哥一直互相通氣，暗中給昭昭保駕護航。

當然，如果沒有合適的親戚朋友，為青春期的男孩找一位他喜歡的男老師，也是很好的方式。同時，父母也可以稍微留心關注男孩的好朋友是什麼情況，男孩新認識了什麼朋

第六章
別用錯父母陪伴男孩的時間，那是協助他「長成真漢子」的祕訣

友，關注男孩所處的圈子。需要注意的是，13 歲以上的男孩，生理和心理都在往男人方向轉變，最在意的就是自尊，所以父母要記得凡事做到相互尊重。

有些父母會問，如果男孩 13 歲之後都想著「離開父母」，那之前 0 ～ 6 歲、6 ～ 13 歲父母的陪伴還有意義嗎？當然有意義。媽媽建構的安全感越扎實，爸爸給予的力量越強大，男孩就越能做好「成為男人」的準備，進入青春期後的「渴望自主」裡就越帶著堅定的光芒，他甚至只靠自己就有能量尋找到讓自己仰望的引路人，熱情澎湃地去追求更廣闊的世界，而父母只需要穩定地做好他的支持者即可。當然男孩的成長總是帶著痛的，也會遇到問題，但親子關係好的家庭，可以把遇到的「問題」當作又一次「成長的機會」來解決。

相反，如果 13 歲前男孩缺失父母的陪伴和引導，進入青春期後，他的很多力氣會放在情緒內耗上，甚至他會認為：「反正你們不愛我，我就故意做點什麼氣死你們。」他不但很難判斷什麼是真正有力量的引路人，甚至，很容易受同齡人影響，認為叛逆地和父母作對就是自己與眾不同的標誌。於是，內心力量不足的男孩，遇到的每一個問題，都會成為重創親子關係的大災難。這個過程，父母很辛苦，男孩也很容易撞得頭破血流。

所以，父母一定要珍惜孩子需要你的時間，很多事情，過去了就真的沒有機會再彌補，曾經喜歡窩在父母懷裡的男

孩，其實很快就會長大，頭也不回地闖蕩世界去了。而到了那時候，父母才會意識到，原來，0～6歲、6～13歲不光是父母給男孩最多愛的時候，也是男孩回饋給父母最多禮物的時候。

願所有父母都能在男孩的成長之路上給予幫助，助他一臂之力，數年後，我們將為收穫一個真正的男子漢而驕傲。

學以致用

思考：你能為你家的男孩找到怎樣的引路人？

第六章
別用錯父母陪伴男孩的時間，那是協助他「長成眞漢子」的祕訣

放下 100 分的完美執念，育兒育己，和男孩一起成長

所謂育兒育己，是 80 分的父母和男孩一起成長。

為什麼有些媽媽那麼溫柔那麼棒

日野原重明先生（Shigeaki Hinohara）是個非常厲害的全才，他的本職工作是醫生，是日本提倡預防醫學的第一人。除此之外，他還是作家，出版了兩百多本著作。有一次，記者採訪他：「您為什麼能這麼成功？」日野原先生回：「要歸功於我的媽媽。」

日野原先生小時候，是個非常愛撒潑打滾的「熊孩子」，如果遇到什麼事不明白或者不能接受，就會馬上躺地上哭鬧，每當這時，他的媽媽就會在旁邊溫柔地笑：「這孩子長大了，是會成為了不起的人，還是會成為個大無賴呢？」看到這段話的時候，我非常震驚，也非常感動，我無法想像，他的媽媽到底得擁有多大的胸懷、多溫柔的性格，才能充滿著愛允許男孩慢慢把情緒發完。

日野原先生把自己的成功歸結於母親的「全然信賴」和「耐心等待」，他說：「我的母親一直都相信我是一個自覺的孩子，一直給予我自由和全然的信任。」

放下 100 分的完美執念，育兒育己，和男孩一起成長

這段話，讓我很是羞愧，縱然我很愛我的兒子，但很長一段時間，我並不能做到全然接納和信賴，也無法耐心等待孩子慢慢成長。

孩子撒潑打滾的場景，家有男孩的媽媽都非常熟悉。我不知道別的媽媽是如何應對的，但我知道科學育兒的方法是：媽媽要溫柔而堅定，接納男孩的情緒，不接納男孩的行為，就像日野原的母親一樣。

遺憾的是，道理誰都懂，卻未必容易做到。我兒子小時候，撒潑打滾的時間至少兩小時起步，說實話，我會非常煩躁，我無法接納他的行為，也無法接納他的情緒，我做得最好的時候，也只是耐著性子忍住不發脾氣而已，我就那麼冷冷地在邊上看著，極不耐煩地等著他哭鬧完……。

我無法接納哭鬧的孩子，又反過來自責為什麼不能像別的 100 分媽媽一樣溫柔而堅定。於是，在這樣的惡性循環下，我變得無法接納自己，更無法做到全然愛和信任我的兒子。在這一點上，我的丈夫比我做得好，他是個典型的 80 分爸爸，基本不看育兒書，也不主動學習育兒知識，完全憑著「天性」愛孩子，但他有一點非常值得我學習，他的自我接納度很高，他也能真正做到無條件地愛孩子。他覺得當下的他，當下的我，當下的孩子已經非常棒了。

我是辛勤養育的媽媽，他是週末陪伴的爸爸，非常有意

249

第六章
別用錯父母陪伴男孩的時間，那是協助他「長成真漢子」的祕訣

思的是，我兒子給我們的打分完全不同。有一段時間，我兒子會把我們放入黑名單與紅名單：黑名單裡我得過 –100 分，爸爸得過 –10 分；紅名單裡我最高分是 90000 分，爸爸的最高分是 900000000 分，而且爸爸連續得了好幾次。我們都問過孩子，到底爸爸做了什麼能得到這麼高的分？我兒子回答：「我就是感覺爸爸很愛很愛我，不管我做什麼他都很愛我。」

說到底，父母是不是無條件愛孩子，孩子是最敏感、最能覺察出的。

有人說，人生最好的修行就在當下，如果夫妻關係不好，這就是當下最適合你的修行；如果親子關係困難，這就是最能幫助你歷劫的好機會。

帶著這樣的覺醒，我遇到了《正面管教》(*Positive Discipline*) 作者簡・尼爾森 (Jane Nelsen) 的故事。《正面管教》的育兒法風靡全國，但尼爾森卻是個普通媽媽。有一回，她和女兒因為某事發生很大的爭執，她的女兒非常生氣，舉起《正面管教》的書籍諷刺她：「你就是個騙子。」尼爾森幾乎暴怒，母女倆大吵了一架。

事後，平靜下來的尼爾森認真地向女兒道歉，並把這個故事真誠地分享給大家，這個故事也讓我徹底開竅，連寫出《正面管教》的尼爾森都做不到每次都能控制好自己的情緒，

放下 100 分的完美執念，育兒育己，和男孩一起成長

我們為何要糾結於此呢？也因此，我明白兩個道理：

1. 你沒必要做 100 分媽媽，也沒必要要求孩子做 100 分男孩。

2. 「無條件的愛」歸根結柢是接納，父母先接納自己，才有力量接納男孩。

接下來，和大家分享兩個實用的方法。

接納不足，父母和男孩一起進步

我經常會陷入一種失誤，自己做不到，卻希望別人能做到。有時候，我也會不自覺地把這種期待放到育兒上。就像我，因為自己不夠自律，所以非常渴望我兒子能自律。事實上，我自己都做不到的事，為什麼要求孩子做到？還因為孩子做不到而生氣？而反過來，孩子真的是我們的老師，他們看待世界的初心，他們對待事情最本真的態度，他們的行為舉止，都比我們大人要好得多。

有一次，我和兒子約定早起讀書。鬧鐘響了之後，兒子很快就爬了起來，他衝到床邊喊我：「媽媽，我要讀書打卡，你快起來。」我向來不容易早起，那天也不知道怎麼就糊里糊塗，竟然摟著兒子又一起睡了過去。

因為沒有早起成功，自然讀書打卡也失敗了。換作以前，我會非常生氣，氣自己沒做到，還連帶著做了壞榜樣影

251

第六章
別用錯父母陪伴男孩的時間，那是協助他「長成真漢子」的祕訣

響孩子。但那一次，我停止自責，轉變了態度。

首先，我選擇了接納。我之所以那天沒法早起，是因為前一天晚上工作得太晚太辛苦，這說明我的身體需要那麼多的睡眠，同理，我的兒子被我摟著再次進入睡眠，也是因為他的身體需要那麼多的睡眠。不氣自己早起失敗，接納自己對晚起的需要，這種「接納」讓我放下自責，不再用100分媽媽要求自己。

其次，我在接納裡和孩子一起尋找鼓勵。就這件事，我表揚了兒子：「你做得非常棒，鬧鐘一響你馬上就起來了，還記得讀書打卡的事情，媽媽要向你學習。媽媽今天做得不太好，還影響了你，媽媽給你道歉，但是媽媽特別想得到你的幫助，想讓你多鼓勵我，我們一起互相提醒，一起完成讀書打卡好嗎？」

最後，我們一起在「做不到」裡完善規則。我兒子是個非常包容的人，他馬上原諒了我，也願意幫助我，然後我們開始分析無法早起的原因，重新調整規則。

媽媽：「我們把早起的時間往後挪一下，然後試試再早一點睡。」

兒子：「可是我有很多作業呢。」

媽媽：「對，所以我想我們以後每天做個計畫，把最重要的事先完成，其他不是很重要的任務我們就減少，比如你的

運動，如果游泳了，那天就不要跳繩了。」

兒子連連點頭：「對的，媽媽你都不知道，我週一、週五晚上要游泳，那兩天還有體育課，回來再跳繩真的很累。」

媽媽：「呀，你早點告訴我就好了。我也覺得我以後不要給自己安排那麼多工作，每天把最重要的完成就好。」

兒子：「媽媽，我感覺我很累也不容易睡著。」

媽媽：「那我們睡前先泡腳怎麼樣？」

兒子：「耶！我最喜歡泡腳了。」

那天，我們集中精力把最重要的工作做完之後，很愉快地去泡了腳並早早睡下，第二天果然早起就容易了不少。

在我當全職媽媽的前三年，我是無法做到這麼心平氣和地看問題的。遇到問題，我下意識地就會陷入負面情緒中，自我譴責，覺得：「完蛋，我把孩子給毀了，我真是一個沒用的媽媽。」這種高要求也給孩子帶來很大的壓力，因為做不到會被媽媽批評，他就會越來越畏縮，不敢嘗試。

但後來我發現，其實讓我們難過的，並不是問題本身，而是我們遇到問題時的態度，當我們接納自己、接納不足，接納那個不管怎樣都是「我」的自己，我們也才能真正地做到無條件地愛自己，也才有力量無條件地愛孩子，而孩子也會再次反過來給我們力量。

第六章
別用錯父母陪伴男孩的時間，那是協助他「長成真漢子」的祕訣

主動向男孩道歉，育兒育己共同成長

我當全職媽媽的前三年，非常情緒化，經常會發脾氣。很顯然，情緒化會讓孩子非常沒有安全感，所以我也很自責，非常討厭自己，當然，我也一直很努力地想要改變。後來，我慢慢放下「100 分媽媽」的高要求，從自責的情緒裡走了出來，選擇面對問題。

我發現，我的情緒化有很多原生家庭的問題，在育兒的過程中，我童年受的傷害會不自覺再次出現，我不知道怎麼處理，也無法控制，就再次複製到當下的育兒中。我學習了很多心理知識後，才意識到這是我的問題，和孩子沒有關係。我慢慢理解「育兒育己」這四個字看起來簡單，真要做到非常難。但祕訣就是，把父母的問題交給父母，把孩子的事情還給孩子。我自己去解決我的情緒化問題，就事論事主動向男孩道歉，「育己」也才能在「育兒」中真正成長。大家可以參考一下我的做法。

首先，認真道歉。「對不起，媽媽剛才發脾氣了，我很抱歉，我其實是生自己的氣，害怕自己不是好媽媽，不懂教育，沒辦法培養好你。你做錯了事情，媽媽確實很難過，但媽媽可以用更好的方式幫你一起解決，不應該只發洩情緒，不解決問題，請你原諒。」

其次，真誠溝通。「媽媽給你講過繪本的故事，裡面告

訴我們很多處理情緒的辦法，很抱歉媽媽今天做了錯誤示範。媽媽是這樣計劃的，以後盡量控制自己不要發脾氣，如果實在控制不住，我就先回自己的房間冷靜一下，你讓媽媽單獨待一會兒，我們都冷靜下來再溝通。謝謝你願意接納媽媽，媽媽也想請你監督媽媽，少發脾氣，好嗎？」

父母做錯，對男孩來說當然是不好的榜樣，但比起什麼都不做，父母主動道歉和尋找事後解決辦法顯然可以把「錯」再次當作教育機會。道歉是對男孩表示尊重，溝通是藉此機會讓男孩知道「問題出現之後，我們需要道歉，但更需要解決」。這個過程，是育己的成長，也是以身作則的育兒過程。

專家曾說，孩子是不需要額外教的，你做好你自己，給孩子光和水，只需要等待就好，他是蘋果樹就會結出蘋果；他是梨樹就會結出梨。想來，追本溯源，育兒無非兩個道理：父母以身作則做好榜樣；全然信賴、耐心等待男孩成長。當父母持續進步，男孩又怎麼不會茁壯成長呢？

最後，想和大家分享一個關於我兒子的暖心故事。有一回，我寫的一篇急稿出現好幾個錯別字，是很低階的錯誤，我自己都無法原諒自己，聊天的時候，我就和兒子聊起這件事，本意是想藉此教育他，做事要認真。

他當時 6 歲多，問我什麼是錯別字，我舉例：「比如說你最喜歡的超人力霸王迪卡，我寫成了超人力霸王迪咔。」他說：「哎呀，這有點嚴重……」

第六章
別用錯父母陪伴男孩的時間，那是協助他「長成眞漢子」的祕訣

我正無語，他馬上又安慰我：「媽媽，沒事，我以前在幼稚園吃飯時也是吃不好，但後來努力吃就可以吃下去了，你也是一樣，寫文章看著不能寫，但努力堅持，就可以寫下去了，加油，你可以的。」

那個當下，我非常感動，我很意外他能說出這樣一番有哲理的話，更意外他能站在我的角度共情我的難過並安慰我。以前他犯錯，我總是以「為他好」為由嚴厲指責，可我做錯事，他給我的卻是這麼暖心的安慰。那一次，我非常羞愧，也更深層次地意識到，其實，孩子才是父母真正的老師！育兒育己真的是件很幸福的事！

學以致用

阿德勒教給我們的道理

阿德勒（Alfred Adler）的諮商室裡放著一根三面柱，柱子的一面刻著「我很可憐」，另一面刻著「別人很可惡」，最後一面刻著「怎麼辦？」，每次來訪者到他的諮商室，他都會拿出他的三面柱，問來訪者：「你選擇談什麼？」

現在，我想問正在閱讀的你，我知道你很辛苦，為人父母，工作雞飛狗跳，生活一地雞毛，男孩撒潑打滾，育兒更新打怪。但是，你選擇的是什麼呢？

致謝

誠摯感謝翻開這本書的每一位讀者。

有位育兒專家曾說:「我必須做到讓購買我的書的家長覺得這本書對他們有用。」在育兒專家面前,我誠惶誠恐,但我的期待和專家一樣,希望這本書能給「曾像我一樣無助的媽媽」些許力量。

曾經陷入育兒絕望的我,最大的渴望就是找到一本「育兒寶典」,我只需要一一照做就行。但經歷了 8 年掙扎與成長,學習了大量育兒和心理學知識,接觸了大量家庭案例後,現在的我意識到,每個家庭、每個孩子都有自己的個性,沒有一種育兒方法可以一勞永逸,非要說有的話,答案只有一個 —— 健康親密的親子關係,這也是這本書的核心思想。但是,我也以「過來人的需求」,盡可能地發揮出這本書的實用性,透過男孩的諸多共性問題,去幫助父母快速找到答案,先直接解決當下的育兒問題,再潛移默化育兒育己、共同成長。如果這本書能讓家長朋友們感到實用,那是我最開心和感恩的。

完成這本書,我要感謝很多貴人。

感謝我的老師,是他開啟我的認知,教會我站在更開闊

致謝

的角度看待人生，讓我擁有更多可能；感謝諸多老師們對本書的指導，以及對本書的傾情推薦；感謝我的好朋友們，她們對育兒的堅守讓我學會正視自己的育兒之路，也感謝她們手把手帶著我一點點開拓自己的人生邊界，是她們的支持和肯定，讓我一點點儲備起「溫暖自己和他人」的力量……。

我還要特別感謝我的丈夫，謝謝他這些年來一直包容我的壞脾氣，縱容我慢慢找回自己。以及，我要無比認真地感謝我的兒子，他調皮又暖心，勇敢又膽小，敏感又無畏，極其矛盾，像極了我，卻又比我美好。我無數次責罵過他，他無數次激怒過我。我們無數次地摟在一起歡笑過，更無數次地抱在一起號哭過。但不管什麼時候，他永遠認為我是他最好最好的媽媽，而在我真正做到育兒育己的當下，我也發自肺腑地覺得，他是我最好最好、最獨一無二的兒子，我要謝謝他，教會我真正懂得愛、懂得感恩、懂得勇敢。我更要感謝他，因為他，我才真正和自己和解，尋找到自己的人生價值，將育兒育己落到實處。當然，我也要感謝我自己，謝謝自己沒有忘記當年深夜裡的那些哭泣，一步步支撐自己，從焦慮的全職媽媽，成長回有力量的自己！

最後，感謝這麼優秀的您願意閱讀我的書，如果這本書對您有幫助，也歡迎分享給身邊有需要的朋友。

國家圖書館出版品預行編目資料

與孩子同行，教養與成長的雙向旅程：愛發脾氣、發展遲緩、分離焦慮、不擅溝通、不守規矩……那些讓父母頭痛的行為，可能只是在「表達需求」！／宋宋 著 . -- 第一版 . -- 臺北市：樂律文化事業有限公司 , 2024.10
面；　公分
POD 版
ISBN 978-626-7552-36-0(平裝)
1.CST: 兒童心理學 2.CST: 子女教育 3.CST: 親職教育
528.2　　113014345

電子書購買　　爽讀 APP

臉書

與孩子同行，教養與成長的雙向旅程：愛發脾氣、發展遲緩、分離焦慮、不擅溝通、不守規矩……那些讓父母頭痛的行為，可能只是在「表達需求」！

作　　　者：宋宋
責 任 編 輯：高惠娟
發 行 人：黃振庭
出 版 者：樂律文化事業有限公司
發 行 者：崧博出版事業有限公司
E - m a i l：sonbookservice@gmail.com
粉 絲 頁：https://www.facebook.com/sonbookss/
網　　　址：https://sonbook.net/
地　　　址：台北市中正區重慶南路一段 61 號 8 樓
8F., No.61, Sec. 1, Chongqing S. Rd., Zhongzheng Dist., Taipei City 100, Taiwan
電　　　話：(02) 2370-3310　　傳　　真：(02) 2388-1990
律 師 顧 問：廣華律師事務所 張珮琦律師
定　　　價：375 元
發 行 日 期：2024 年 10 月第一版
◎本書以 POD 印製
Design Assets from Freepik.com